# VORWORT

Werte Leserinnen und Leser,
liebe Lyrikfreunde


Ich schreibe seit meinem 12. Lebensjahr und
habe mich mit Herz und Seele der Lyrik und
Poesie verschrieben.
Gerade in unserer Zeit, wo Hektik, Stress und
Lieblosigkeit unseren Alltag bestimmen, können
vielleicht ein paar herzliche und lyrische
Gedanken unsere Herzen erwärmen.
Ich habe versucht, meine Gefühle und Gedanken
in meinen Gedichten widerspiegeln zu lassen. Ich
weiß, Geschmäcker sind verschieden, aber ich ließ
ganz einfach nur mein Herz sprechen.

Viel Vergnügen in „MEINER KLEINEN WELT DER
LYRIK"!

Gerhard Stadler


Autorenseite: www.gerryg.at

Bibliografische Informationen durch
Die Deutsche Bibliothek:
Die Deutsche Bibliothek verzeichnet diese
Publikation
in der „Deutschen Nationalbibliografie".
Detaillierte bibliografische Daten sind im
Internet
über http://dnb.ddb.de abrufbar.

ISBN 978-3-8448-0148-4



Herstellung und Verlag:
BoD - Books on Demand, Norderstedt

€ 8,99 (D)

# Meine kleine Welt der Lyrik

Lyrik von

Gerhard Stadler

FSC
www.fsc.org
MIX
Papier aus ver-
antwortungsvollen
Quellen
Paper from
responsible sources
FSC® C105338

# SEELENTRÄUMER

- 5 -

Seelenträumer

Ich fühl mich in Dein Herz hinein,
will tief in Dir verweilen,
denn sollte es verwundet sein,
dann möchte ich es heilen.

Auch wenn Dein Herz gefroren ist,
aus Angst vor neuen Wunden,
dann hoffe ich, dass Du vergisst,
den Schmerz, den Du empfunden.

Gefühle, Liebe, Zärtlichkeit,
Verständnis und Vertrauen,
Treue, Freundschaft, Ehrlichkeit,
auf all das will ich bauen.

Ich fühl mich in Dein Herz hinein,
will mich in Dir verlieren,
lass mich Dein Seelenträumer sein,
nie wieder sollst Du frieren!

Meine Art Briefe zu schreiben

Vor mir am Tisch, ein weißer Bogen,
ein leeres, zartes Stück Papier,
all meine Worte sind verflogen,
die ich wollte sagen Dir.

Ich hätte Dir so viel zu schreiben,
vom Glück das ich mit Dir empfand,
die Worte wollten stecken bleiben,
im Füller in der rechten Hand.

Und so versuch ich mich zu denken,
ganz tief zu Dir ins Herz hinein,
Erinnerung will ich Dir schenken,
ein Stück von mir wird bei Dir sein.

Der Brief vor mir ist leer geblieben,
schamlos in ein Weiß gehüllt,
ein leeres Blatt mit „Nichts" beschrieben,
doch seinen Zweck hat er erfüllt.

Manchmal weint der Himmel auch für
mich


Kleine, salzige Wasser Tröpfchen –
quellen aus den Winkeln meiner glasigen
Augen,
es sind meine Tränen,
keine Tränen der Freude,
auch diese habe ich schon kennen
gelernt,
nein, es sind Tränen der verlorenen
Liebe,
Tränen der Schmerzen,
sie ziehen eine feuchte Spur über mein
Gesicht.

Dieses Gefühl des Weinens –
liegt schon lange zurück,
 die Wunden meines Herzens sind
verheilt,
nur mehr kleine Narben –
erinnern mich an damals,
als ich noch weinen konnte.
Auch das Blut in meinen Adern,
fließt ruhig und emotionslos.

Doch dann dieses Klopfen,
das nicht meinem Herzen entspringt,

es ist der Regen, der an mein Fenster
schlägt,
ich schau hinauf zum Himmel und stelle
mir vor,
nein, ich glaube fest daran,
dass der Himmel für mich weint.
Ein Glücksgefühl steigt in mir empor,
ein Gefühl der Stille und des Friedens.

Genau das ist der Moment,
wo ein verregneter Himmel,
sehr romantisch sein kann,
romantisch und zauberhaft.
Ich öffne das Fenster –
und der Regen fällt auf mein Gesicht,
die Tropfen rinnen wie Tränen über meine
Wangen.
„Ja, manchmal weint der Himmel auch für
mich!"


Verhext

Es war einmal und irgendwann,
so fangen viele Märchen an,
doch was wenn es kein Märchen ist,
und Du als Mensch verzaubert bist,
verhext von einem süßen Wesen,
das nicht umher fliegt auf einem Besen,

das eher Fee als Hexe ist,
die Zauberkräfte auch vergisst,
und trotzdem der Gedanke wächst,
Du wärst von dieser Fee verhext.

Was fühlst Du dann in dunkler Nacht,
wenn Du zu oft an sie gedacht,
ist sie böse, ist sie gut,
zum Urteil fehlt Dir noch der Mut,
war das Ganze nur ein Spiel,
fragt Dein hilfloses Gefühl,
egal was Dir Dein Herz auch sagt,
geheim, beginnt die Hexenjagd,
Du brauchst für Dich nun den Beweis,
Du willst sie haben, um jeden Preis.

Ein Eulenschrei, ein Flügelschlag,
und aus der Nacht erwacht der Tag,
die Sonne scheint Dir ins Gesicht,
die Wahrheit kennst Du noch immer
nicht,
vergiss das Jagen, vergiss das Hoffen,
vielleicht hast Du sie längst getroffen,
ein Blick von ihr hat Dich berührt,
hat Dich in ihre Welt entführt,
Du bist verliebt, das sieht ein jeder,
doch Du wirst nie ein Hexenjäger!

Mein Freund der Mond

Mein Freund der Mond, erhellt mein
Zimmer,
er lächelt liebevoll mich an,
ich sehe seinen Mondschein immer,
wenn ich des Nachts nicht schlafen kann.

Ich fühle, er will mir erzählen,
was er gesehen auf der Welt,
Fragen, die mein Herz so quälen,
hab' ich dafür an ihn gestellt.

Er kennt mein Sehnen und mein Hoffen,
er kennt sogar mein Seelenleid,
als wäre er davon betroffen,
schenkt er mir seine Helligkeit.

Als meine Liebste ich verloren,
nahm er sich auch die Zeit für mich,
und jede Träne, die geboren,
nahm er behutsam auf bei sich.

Mein Freund, der Mond kann mich
verstehen,
denn wenn die Sonne ihm nicht scheint,
dann könnte ihn auch niemand sehen,
und ich würd' fühlen, dass er weint!

Abschiedsworte

Zum Abschied reich' ich Dir die Hände,
und sage leise Dankeschön,
meine Gefühle sprechen Bände,
könntest Du nur ins Herz mir sehn.

All' die wunderbaren Zeiten,
die gemeinsam wir verbracht,
werden aus der Hand mir gleiten,
das Erlebte streift mich sacht.

Schutzengel, Geliebte, Freund,
alles das, warst Du für mich,
entzweit wird nun, was einst vereint,
denn unsre Wege trennen sich.

Freundschaft heißt auch, nicht zu halten,
ist die Seele auch betrübt,
und mein Herz, es ist gespalten,
doch gibt es frei, was es geliebt!

Abgenabelt

Ich schwimme nicht mehr im
Fruchtwasser
Deiner Liebe,
habe mich durch den Muttermund
Deiner Gefühle gezwängt
und habe das Licht
meines Lebens
erblickt.

Unwiderruflich
habe ich
die Nabelschnur
zu Dir
durchtrennt!


Lebenslehre

Jetzt,
kann ich ohne Hass,
ohne Traurigkeit
und ohne Verzweiflung,
wieder
wach geküsst
an die Vergangenheit denken.
Die Wunden meiner Seele
sind verheilt,

ich habe mir nur
das Schöne
in meinem Herzen
aufbewahrt.

Jetzt,
kann ich mit freien Gedanken,
ohne Beeinflussung
von Altlasten,
wieder
mit Freude
in die Zukunft blicken.
Ich bin offen
für eine neue Liebe,
ich schreie in die Welt hinaus,
„Zukunft, komm reich mir die Hand,
denn ich habe gelernt
zu Leben!"


Lächeln

Ein Lächeln sagt mehr als tausend Worte,
ein Lächeln öffnet jede Pforte,
ein Lächeln tief aus meiner Seele,
das ist der Weg den ich auch wähle.

Ein liebes Lächeln zeigt meine Freude,
es lindert Schmerz, wenn ich mal leide,

auch möcht' ich viele Lächeln finden,
sie könnten Völker auch verbinden.

Drum lach' ich in die Welt hinaus,
ich bin gut drauf, lacht mich ruhig aus,
nennt mich ruhig Clown, ich steh' dazu,
die Welt ist schön, drum lach' auch Du!


Weitblick

Was nicht gleich ist, ist verschieden,
verschieden auch, des Menschen Glück,
was nicht schön ist, wird gemieden,
oft zählt nur der äußre Blick.

Der Blick ins Herz ist unumgänglich,
sah den puren Sonnenschein,
unsre Schönheit ist vergänglich,
die Seele bleibt für immer Dein!

Der Sinn des Lebens

Ich suche noch Beweise,
und nach des Lebens Sinn,
denn rund um mich ist Sch......,
und ich steh mitten drin.

Das waren die Gedanken,
an die ich einst gedacht,
ich kam sehr oft ins Wanken,
hab Vieles falsch gemacht.

Ich kenn den Sinn des Lebens,
auch heute leider nicht,
doch leb ich nicht vergebens,
das hat für mich Gewicht.

Ich fühle mich geborgen,
weil ich sehr glücklich bin,
vielleicht kenn ich schon morgen,
des Lebens wahren Sinn!

Elfensymphonie

Irgendwo im Nirgendwo, ein Wald das Tal umringt,
umgeben von schönen Bergen,
bewohnt von Elfen und Zwergen,
mit moosbedeckten Wurzeln,
wo Wichtelmännchen purzeln,
aus dem beschwingt und lebensfroh, ein Elfenlied erklingt.

So zauberhaft und unbeschwert, ertönt die Melodie,
dirigiert von Zauberhänden,
Elfenstimmen sie vollenden,
lieblich in den Ohren klingen,
Wichtelchöre dazu singen,
von guten Menschen nur gehört, die Elfensymphonie.

Solange Menschen lieben, in märchenhafte Welten fliehn,
werden Träume weiter siegen,
Elfen über Wiesen fliegen,
Zwerge ihre Späße machen,
immer herzlich dazu lachen,
werden Elfensymphonien auch in unsre Herzen ziehn.

Engel ohne Flügel

In Gedichten gern beschrieben,
in Sagen liest man über sie,
obwohl wir sie doch alle lieben,
fragt man, Engel gibt es die?

Engel mit gelockten Haaren,
aus weißen Marmor, an der Wand,
Engel, Luzifer verjagend,
Flammenschwerter in der Hand.

Oder jene Süßen, Kleinen,
so entzückend wie ein Kind,
welche die sehr traurig scheinen,
die in allen Kirchen sind.

Aber wer erwähnt die Engel,
die und lieben Tag für Tag,
es sind Engel ohne Flügel,
so wie jeder Mensch sie mag.

Sie sind da, wenn Sorgen quälen,
wenn der Kummer uns zerfrisst,
sie sind einfach gute Seelen,
die man all zu leicht vergisst.

Alter Mann

Er ist gehüllt in grauen Loden,
auf seinem Haupt wächst fast kein Haar,
sein Blick, hinabgesenkt zum Boden,
er wirkt für viele sonderbar.

Sein Schritt ist langsam und bedächtig,
ein Bein schleift er schon hinterher,
sein langer Bart, struppig und mächtig,
sein kranker Magen ständig leer.

Sein Gesicht zerfurcht von Falten,
fahl, vom Sonnenlicht verschont,
niemand mag den armen Alten,
der auf einem Bahnhof wohnt.

Er greift nun nach seiner Flasche,
die mit klarem Schnaps gefüllt,
sie steckt tief in seiner Tasche,
in ein Packpapier gehüllt.

So spült er alle seine Sorgen,
rasch hinweg mit einem Schluck,
niemals denkt er an das Morgen,
viel zu groß, die Last, der Druck.

Eine Kippe liegt am Boden,
er hebt sie auf, steckt sie sich an,
bläst die Ringe in die Wolken,
die er nie erreichen kann.

Das Schicksal hat ihm hart getroffen,
dies' Leben hat er nicht erstrebt,
so bleibt ihm nur das leise Hoffen,
dass er den nächsten Tag erlebt.


Der kleine Wildbach

Ich hatte einst in Kindheitstagen,
einen wirklich guten Freund,
den konnte ich fast alles klagen,
hab' mich bei ihm oft ausgeweint.

Ein Wildbach, rein und wunderbar,
bin oft zu ihm gerannt,
sein Wasser plätscherte so klar,
dort nebst dem Waldesrand.

Hatte ich mal große Sorgen,
weil niemand mich verstand,
dann rauschtest Du mir tröstend Worte,
Verständnis, ich empfand.

Ich hab' mich bei Dir wohl gefühlt,
Dein Rauschen schon gekannt,
hab' meine Seele abgekühlt,
die ich mit Dir verband.

Forellen schwammen fröhlich,
in Deinem kühlen Nass,
die Zeit verging allmählich,
bedeckt vom hohen Gras.

Der Wildbach ist verschwunden,
sein Bachbett, das ist leer,
von Wurzeln tief umwunden,
hab' diesen Freund nicht mehr.

Auch heute noch, komm' ich hier her,
und suche Dich mein Freund,
als ob ich noch Dein Rauschen hör',
hab' ich um Dich geweint!

Auch Engel können wehtun!

Er kam aus dem Nichts, der Engel der
Nacht,
stand plötzlich vor mir, berührte mich
sacht,
er nahm meine Hand und zog mich an
sich,
er war einfach zärtlich, er liebkoste mich.

Ich konnte nicht glauben, was mit mir
geschah,
die Sinne die streikten, doch der Engel
war da,
ich konnte nicht träumen, die Nacht war
so klar,
der himmlische Engel, er war wirklich
wahr.

Ich schloss meine Augen, sah in mich
hinein,
da strahlte mein Herz im goldenen
Schein,
ich fühlte die Wärme, die tief in mich
drang,
mir schien es als hörte ich Engelsgesang.

Es war ihre Stimme, die drang mir ins
Ohr,
die Stimmen der Nacht, die waren ihr
Chor,
ich konnte nicht glauben, dass es so
etwas gibt,
denn ich habe mich gänzlich in den Engel
verliebt.

Doch Engel, die bleiben nur sehr kurze
Zeit,
sind sie wieder fort, beginnt erst Dein
Leid,
Du fühlst Deine Tränen und Dir bebt Dein
Herz,
auch Engel bereiten Dir manchmal viel
Schmerz.

Sie sind nicht zum Lieben, halt sie
niemals fest,
weil sich nie ein Engel festhalten lässt,
sie haben Gefühle und weinen dabei,
doch sind alle Engel viel lieber frei!

Liebe

Was ist es, das Dir fast die Sinne raubt?
Was ist es, wenn kein Mensch mehr an
Dich glaubt?
Was ist es, wenn Du keine Freunde hast,
und so manchen Spaß verpasst?
Was kann es sein, das Dich fast lähmt?
Was kann es sein, das Dich beschämt?
Wo kommt er her, der sanfte Zwang?
Wo kommt er her, der große Drang?
Was hat zur Blindheit Dich geführt?
Wer hat Dich viel zu oft verführt?
Was ist es, das Du doch verlierst,
auch wenn Du anfangs Glück nur spürst?

Es ist die Liebe!

Was tut Dir weh und gut zu gleich?
Was macht Dich arm und dennoch reich?
Was bringt Dir Lächeln und auch Tränen?
Was lässt Dich immer nach ihr sehnen?
Was bringt Dir Lust und trotzdem
Schmerz?
Wer drückt Dir Dornen in Dein Herz?
Wer lässt Dich glühen und erfrieren?
Wer lässt die Eifersucht Dich spüren?
Wer macht den größten Herrscher klein?

Wer hat die Macht, wer kann das sein?
Wer macht vor keinem Menschen Halt,
ob man nun jung ist oder alt?

Es ist die Liebe!

Wer hat so manches Glück zerstört?
Wer hat die Kraft in Dir verzehrt?
Für wen stand schon so mancher Pate?
Wer erhöht die Selbstmordrate?
Wer schürt den Hass und auch den Neid?
Wer ist Dir nah, zu jeder Zeit?
Wer macht den stärksten Tiger zahm?
Wer legt den schnellsten Läufer lahm?
Wer hält Dich nächtelang hellwach?
Wer macht Dich krank und
willensschwach?
Wer lässt uns träumen und auch
schweben?
Für wen will man sein Leben geben?

Es ist die Liebe!

Liebe ist...

...wie eine Insel,
im stürmischen Meer
der Einsamkeit.
Du versuchst
sie zu erreichen,
bevor Du in den Wellen,
der geweinten Tränen,
ertrinkst!

Liebe -
ist aber auch,
wie ein Schrottplatz
für gebrochene Herzen.
Du brauchst sehr viel
Geduld,
Gefühl
und Verständnis,
um wieder
ein liebendes
Herz
zu formen!

Spiel des Lebens

Irgendwann im Leben,
steckt jeder sich ein Ziel,
man will etwas erleben,
und sei es nur im Spiel,
der eine spielt mit Herzen,
der andere um Geld,
so hat sich der Erfinder,
das gar nicht vorgestellt.

Die Spieler stehn geschlossen,
in einem großen Kreis,
und wetten unverdrossen,
doch das hat seinen Preis,
der eine liebt den Reichtum,
der andere die Macht,
und oben da sitzt einer,
der auch die Regeln macht.

Gewonnen hat noch keiner,
verloren jedoch viel,
denn da gibt es den einen,
der alles haben will,
die Armen werden ärmer,
sie werden ausgenützt,
sie sponsern nur den Spieler,
der an der Spitze sitzt.

Das Spiel kennt keine Grenzen,
der Einsatz ist zu groß,
ihr braucht hier nicht zu glänzen,
lasst lieber davon los,
denn wollt ihr alles geben,
versetzt auch euer Glück,
verliert ihr euer Leben,
bekommt es nie zurück.

Und wenn wir uns besinnen,
wie schön das Leben ist,
wenn Freude wir gewinnen,
den Reichtum schnell vergisst,
dann ist in unsrem Herzen,
kein Platz mehr für ein Spiel,
nur Menschlichkeit und Liebe,
ist das erstrebte Ziel.


Stumme Worte

Du hast
die Gefühle
des Herzens -

die Angst
vor der Zukunft,

mit der Blindheit
des Vergessens,

und der Ohnmacht
des Verstandes,

in den Mantel
des Schweigens
gehüllt.

War Liebe
nur ein
Wort,
das
nie
ausgesprochen wurde?


Morgenidylle
(So sehe ich Dich)

Du siehst eigentlich noch gut aus –
für Dein Alter,
(grins)
nur ein paar Fältchen unter den Augen,
ein leichter silberner Schimmer,
bedeckt Dein Haar,
na ja, ganz spurlos sind die Jahre,
auch nicht an Dir vorbei gegangen.

Deine Figur,
na sagen wir mal,
ist Deinem Alter angepasst,
nicht schlank, aber auch nicht zu dick,
Du hast Dich wirklich kaum verändert.

Was mir an Dir gefällt,
Du bist immer Du selbst geblieben,
Du warst nicht fehlerlos,
aber sind das nicht alle Menschen?
Aber Du bist immer zu dem gestanden,
für das Du Dich eingesetzt hast,
ob es nun in der Arbeit war,
in Deinem Privatleben,
oder in der Liebe.

Die Treue,
hast Du auch immer ernst genommen,
Du hast stets ein offenes Herz gehabt,
Dein größter Fehler war,
Du warst viel zu naiv,
immer hast Du nur an das Gute
im Menschen geglaubt,
Du bist auch oft genug,
auf die Nase gefallen.

Ja, so bist Du,
und Du wirst Dich auch kaum mehr
ändern,
Dein Gefühl, strahlt jetzt noch,
aus Deinen Augen,
aber glaube mir,
bleibe so wie Du bist,
ich will Dich gar nicht anders.

Ich wende mich vom Spiegel ab,
verlasse das Badezimmer –
ich genieße meinen heißen Kaffee.


Du musst ein Engel sein!

Dein sanfter Blick streift mein Gesicht,
Dein Lächeln klar, wie Sternenlicht,
in Deinem Haar spielt sich der Wind,
so märchenhaft, nur Engel sind.

Wie Meereswellen, pur aus Gold,
die Lockenpracht, bezaubernd hold,
Du stehst vor mir, unschuldig, rein,
so schön kann nur ein Engel sein.

Deine Gestalt scheint feenhaft,
Du machst mir Mut und gibst mir Kraft,
Gefühl und Liebe sind Dein Herz,
Du schenkst nur Freude, niemals
Schmerz.

Du bist mein schönster Traum für mich,
bist mir stets nah, ich fühle Dich,
oh, wärst Du nur für immer mein,
ich weiß, Du musst ein Engel sein!


Tränen

Salzig, transparent und nass,
vor Freude, Trauer, Wut und Hass,
wurden Tränen schon vergossen,
die aus tiefster Seele flossen.

Tränenflüsse voller Sorgen,
oder Bäche, die verborgen,
aus den Augenwinkeln sprießen,
über Nasenhügeln fließen.

Salzige Perlen, die sich raufen,
über feuchte Wangen laufen,
bevor sie noch zum Kinn gelangen,
von Lippen zärtlich aufgefangen.

Doch Tränen, die das Kinn erreichen,
weil sie dem Mund sehr rasch
entweichen,
die fallen dann mit sanftem Klopfen,
zu Boden, so wie Regentropfen.

Verdampfen dort und steigen auf,
bis zu den Wolken, hoch hinauf,
sie werden lieblich aufgenommen,
der Kreislauf hat nun neu begonnen.

Wenn dann die Wolke einmal weint,
kein Sonnenstrahl mehr für Dich scheint,
dann wird erhört, Dein leises Sehnen,
der Himmel schickt Dir Deine Tränen!


...nur ein Fremder


Verfolgt, getreten, ausgenützt,
kam er in unser Land,
mit Hoffnung, dass man ihn beschützt,
reicht er uns seine Hand.

Er wollte nichts von uns geschenkt,
bot seine Arbeitskraft,
wir wissen nicht, was er so denkt,
nur das er niemals lacht.

Sein Lachen ist ihm längst vergangen,
sein Wille lebt nicht mehr,
so wie ein Tier, gequält, gefangen,
sein Herz gebrochen, leer.

Er bot uns seine Freundschaft an,
entgegen schlug ihm Hass,
man sah ihm nur als Untertan,
und hatte daran Spaß.

Ob gelb ob rot, ob schwarz ob weiß,
der Mensch ist's der hier zählt,
doch Menschlichkeit hat seinen Preis,
das hat er festgestellt.

Er ist ein Mensch, wie Du und ich,
nur eins man leicht vergisst,
doch er fühlt es ganz sicherlich,
dass er ein Fremder ist.


Gefühle

Langsam wird es draußen dunkel, größer
wird mein Seelenschmerz,
jemand schoss mit goldnen Pfeilen und
durchbohrte mir mein Herz,
ich kann alles nicht begreifen,
Blicke die durchs Dunkel streifen,

trotzdem flieg ich himmelwärts.

Regen fällt in unsrer Straße, leise klopft
er an die Tür,
und wie Tränen meiner Seele, befeuchtet
er das Blatt vor mir,
Gedanken die durchs Zimmer treiben,
soll ich nun hier niederschreiben,
wie bedank ich mich dafür.

Ist's ein Traum der mich hier blendet,
mich aus meinem Alltag reißt,
der die Zeit an mich verschwendet, sich
an meinem Körper schweißt,
nein, Du Engel meiner Liebe,
tief versteckte, zarte Triebe,
haben mich an Dich geeist.

Die Gefühle werden stärker, mein
Verlangen zehrt nach Dir,
und das Warten das wird härter, sag doch
was geschieht mit mir,
über Wolken will ich schweben,
will Dir alles von mir geben,
wärst Du Engel nur bei mir.

Und so schreib ich diese Zeilen, wie aus
einem Traum erwacht,
will die Liebe mit Dir teilen, die uns beide
glücklich macht,

Zärtlichkeit will ich Dir schenken,
will an nichts mehr andres denken,
hab bis jetzt zu viel gedacht.

Langsam fallen Sonnenstrahlen, durch
mein Fenster in den Raum,
meine Augen werden müde, kann nicht
auf die Zeilen schaun,
und ich höre auf zu tippen,
sanft berührn mich Deine Lippen,
lass es wahr sein, nicht nur Traum.


Die Hure

Wieder neigt sich ein Tag zu Ende,
sie betritt das Badezimmer,
ihre Augen sprechen Bände,
ihr Gesicht erstrahlt in Glimmer.

Die zweite Haut, in der sie steckt,
aus schwarzem Lack, sehr eng gefasst,
so wie in ein Korsett gesteckt,
ein Stiefelpaar, das dazu passt.

Sie betritt die Kinderstube,
wo ihr Kind so glücklich spielt,
in den Händen eine Tube,
mit Schokoladecreme gefüllt.

Ein, zwei Küsschen auf die Wange,
„Mami muss zur Arbeit gehn",
doch es ist nicht für sehr lange,
„Irgendwann wirst Du's verstehn".

Dann verlässt sie ihre „Insel",
wo sie niemand noch entdeckt,
rasch mit ihrem Make Up Pinsel,
werden Fältchen noch versteckt.

Im Hotel dann angekommen,
wo ihre Arbeitsstätte ist,
ein Glas Wein zu sich genommen,
damit sie das hier leicht vergisst.

Sie liegt im Bett auf roten Kissen,
auf ihrer Haut weiße Dessous,
auch die Musik will sie nicht missen,
ein stimmungsvoller, ruhiger Blues.

Und alle Männer die da kamen,
brutal, sadistisch, nur manche nett,
die kennt sie alle nicht bei Namen,
sie wollen nur mit ihr ins Bett.

Unter verschwitzten Körpermassen,
die in sie dringen voller Gier,
fängt sie auch an sich selbst zu hassen,
„Oh mein Gott, was mach' ich hier"?

Die Gedanken lässt sie streifen,
sie sind nur bei ihrem Kind,
„Wie soll es das je begreifen"?
„War ich denn bis heute blind"?

Still hat sie das Geld genommen,
lange hat sie's angesehn,
und vom Wein etwas benommen,
fing sie an nach Haus' zu gehn.

Und ihre „Insel" hat sie wieder,
wo Träume ihr zu Hause sind,
müde legt sie sich dann nieder,
schläft zärtlich ein, mit ihrem Kind!


Der Spaziergang

Traurig Dich erst jetzt zu sehen,
lass uns ein Stück spazieren gehen,
unter all den schönen Bäumen,
die den langen Weg hier säumen.

Weißt Du noch, vor vielen Jahren,
als wir Beide jünger waren,
wir nach schönen Mädchen schauten,
noch auf unsre Zukunft bauten.

Was ist dann mit Dir geschehen,
Du warst fort, konnt's nicht verstehen,
ich hab Dir so viel zu sagen,
schmerzvoll quälen mich die Fragen.

Schweigsam geh ich hinter Dir,
Tränen, letzter Gruß von mir,
Antworten bekomm ich nicht,
weil ein Toter nicht mehr spricht.

Der Trauerwagen bleibt jetzt stehen,
wir nun getrennte Wege gehen,
Dein Grab verschlingt den Sarg in sich,
„Leb wohl mein Freund, ich denk an
Dich!"


Ein Lichtstrahl in der Dunkelheit

Menschen auf dem Abstellgleis,
Menschen zweiter Klasse,
ihr Leben ist ein hoher Preis,
für diese Menschenrasse.

Ein Teil von ihnen sieht uns nicht,
ein Teil kann uns nicht hören,
ein Teil weiß gar nicht wie man spricht,
sie müssen viel entbehren.

Zu viele haben nicht die Macht,
allein sich zu bewegen,
die meisten werden ausgelacht,
ohne zu überlegen.

Nur weil sie anders sind als wir,
und sich auch anders geben,
sie können alle nichts dafür,
sie haben nur dies Leben.

Sie wollen nicht bedauert werden,
auch Mitleid wolln sie nicht,
man soll sie nur als Mensch behandeln,
und das wär' unsre Pflicht.

Sie meistern selbst ihr schweres Leben,
mit Ehrgeiz zwingen sie ihr Glück,
und wenn wir ihnen Liebe geben,
käms tausend Mal zurück.

Wenn Menschlichkeit regieren würde,
dann gäb es wenig Not und Leid,
bezwängen wir auch diese Hürde,
ein Lichtstrahl wär's in Dunkelheit!

Schmetterlingsflug

Lasse Schmetterlinge schweben,
denn sie finden "Ihn" für Dich,
sie werden Dir die Antwort geben,
die er trägt versteckt bei sich.

Tief vergraben in Gefühlen,
herzbehütet, innerlich,
Du wirst bald die Wärme fühlen,
wenn er sagt "Ich liebe Dich!"


Ich brauch kein Herz aus Diamant

Ich brauch kein Herz aus Diamant,
auch nicht aus Gold oder Platin,
gefühllos lägs in meiner Hand,
es wär' für mich auch kein Gewinn.

Es wäre härter als ein Stein,
viel kühler als das Eis,
es würde nie mein Eigen sein,
zu hoch wäre der Preis.

Ich brauch kein Herz aus Edelstein,
das niemals an mich denkt,
das einsam, lieblos und allein,
an einer Kette hängt.

Ich brauch ein Herz mit viel Gefühl,
von Liebe wach geküsst,
ich weiß genau das was ich will,
ein Herz das so wie Deines ist!


Sinn der Liebe

Liebe heißt leben,
nehmen und geben,
Gefühle verschenken,
nicht nur an sich denken,
menschlich zu sein,

Fehler zu machen,
trotzdem noch lachen,
alles besprechen,
Erkennen der Schwächen,
ehrlich bereuen.

Leben mit Freuden,
niemals zu leiden,
vertrauen statt binden,
die Zweisamkeit finden,
das wär' ein Beginn,

Tränen zu zeigen,
niemals verschweigen,
sein Herz nie verschließen,
das Dasein genießen,
so hätte Liebe Sinn!


## Das Leben

Vergängliches Glück,
ist unser aller Leben,
geborgtes Dasein.


## Liebe II

Liebe heißt auch Schmerz,
wer liebt der muss auch leiden,
sein Herz stets teilend.


## Seelenliebe

Wenn die ersten Schneeflocken
auf Deiner zarten Haut zergehen,
dann waren es meine Tränen,
die ich für Dich geweint habe.

Wenn ein warmer Sonnenstrahl
die Kälte durchdringt,
Deine zärtlichen Lippen küsst,
dann ist das ein Lächeln meines Herzens.

Wenn die Gefühle in Dir stärker werden,
dann habe ich mit dem Schlüssel des
Vertrauens,
Dein Herz geöffnet.

Wenn ich Dir dann sagen würde,
dass ich Dich liebe,
dann wäre das nicht die reine Wahrheit.

Also werde ich in Deine Seele einziehen
und mit Dir die Liebe leben!


Versteckspiel

Im tiefsten Inneren
meines Herzens,
hat sich die Liebe versteckt,
die Liebe zu Dir,
die ich Dir nicht schenken
durfte.

Viel Spaß
beim
Suchen!

Kurzzeitgedächtnis

Gestern noch,
sagtest Du zu mir,
Du brauchst mich wie die Luft zum
Atmen,
Du könntest ohne mich nicht mehr leben,
und
ich wäre die große Liebe für Dich!

Heute schon,
gehst Du ohne Sauerstoffmaske
und noch sehr lebendig
an mir vorüber,
als ob ich ein Fremder wäre!

Wiedergeburt

Ich wollte Dich
aus meinen Gedanken
streichen,
ich dachte
ich hätte Dich
vergessen.

Da entdeckte ich
im tiefsten Inneren
meines Ichs,
Deine
Wiedergeburt!

Hinter Mauern

Ein leiser Schrei,
fast stumm, kaum zu hören,
er konnte
die mit Abschaum getränkten Mauern
nicht durchdringen,
auch Tränen
konnten sie nicht erweichen.

Ungehört
stieg wieder einmal,
eine kleine,
gequälte,
unschuldige Seele,
zum Himmel empor!

Zurück blieb,
blutbeschmierter Abschaum,
Unverständnis
und
tiefe Trauer!


Geschenke

Schenk Dir ein Kleid aus Zärtlichkeit,
bestickt mit Glücksgefühl,
ein Diadem aus sehr viel Zeit,
die ich mit Dir teilen will.

Aus Tränenperlen ein Collier,
ein Armband voll Melancholie,
ein Lächeln klarer als der See,
den Traumring pur aus Harmonie.

Mein Herz das schenke ich Dir nicht,
denn das schlägt nur für mich,
wenn es wie Glas im Sturm zerbricht,
brauch ich zum Leben Dich!


Tränen - Fluss

Der Fluss der Tränen,
geflutet
mit der salzigen Flüssigkeit,
die Männer nicht weinen durften
nur weil sie als Mann geboren wurden.

Als Junge geboren,
zum „Mann sein" erkoren,
das Weinen verpönt,
Tränen abgelehnt!

Männer haben auch Gefühle,
Männer haben auch ein Herz,
Warum dürfen Männer nicht weinen?

Ich fühle,
liebe,
„WEINE"
weil ich ein Mensch bin!


Der Clown


Er stolpert durch das Zirkuszelt,
bei tosendem Applaus,
wenn er in der Manege fällt,
sieht das sehr komisch aus.

Er spielt sehr gern für Euch den Clown,
mit Farben im Gesicht,
doch was er fühlt, das merkt Ihr kaum,
denn Schmerzen sieht man nicht.

Die Schminke hat sehr gut versteckt,
was er nicht zeigen will,
er mag nicht, dass man es entdeckt,
sein trauriges Gefühl.

Er spielt für Euch den Hampelmann,
den Kaspar und den Wicht,
er bietet Euch sein Lächeln an,
während sein Herz zerbricht.

Er schickt sein Lachen um die Welt,
macht Kinderaugen froh,
die Träne die zu Boden fällt,
verbirgt sich vor der Show.

Ja, auch ein Clown kann traurig sein,
auch wenn er Freude schenkt,
er weint auch nur für sich allein,
wenn Ihr ans Lachen denkt!


Traumtänzerin

Wieder mal steh ich am Fenster,
schau in die sternenklare Nacht,
Gedanken schweben wie Gespenster,
mein Herz hat stets an Dich gedacht.

Der Himmel schickt mir seine Lichter,
die Sterne lächeln lieb zu mir,
ich sehe überall Gesichter,
das Glücklichste gehört zu Dir.

Im Vollmond tanzt ein Liebespaar,
beschwingt, verträumt und unbeschwert,
ihr Traumtanz ist so wunderbar,
ein Meister, der sie das gelehrt.

Der Wolkenvorhang, zugezogen,
das Himmelsschauspiel ist vorbei,
all meine Sorgen sind verflogen,
die Seele fühlt sich plötzlich frei.

Losgelöst von Seelenschmerzen,
 tanz ich zu den Sternen hin,
ich trage Dich in meinem Herzen,
traumverliebte Tänzerin!


Lebenstraum

Mein Herz –
in Gefühlen gebadet,
umhüllt von Deiner Liebe,
in Deiner Zärtlichkeit gebettet,
ruht tief in Dir.

Komm, lass es träumen,
den Traum –
den wir nicht leben durften!

Gedankenspiel

Wieder einmal
jongliere ich mit
Worten,
Worten aus meinen
Gedanken
geboren.

Gedanken
in Gefühle eingehüllt,
in Gefühle
die mein Herz
befragen.

Mein Herz,
das diese Fragen quält,
weil es keine
Antwort
darauf weiß.

Also schreibe ich die
seelenlosen,
unbeantworteten
Gedanken,
gefühlvoll nieder
und
jongliere
mit den Worten!

Die Zukunft mit Dir?

Ich schau nach vor und nicht zurück,
ich will es zwingen, jetzt mein Glück,
ich will nie wieder mehr verlieren,
und nie mehr Seelenschmerzen spüren.

Zu oft bin ich sehr tief gefallen,
vertraute Jeden und auch Allen,
gab den Gefühlen freien Lauf,
und gab sehr Vieles dafür auf.

Doch immer wurde ich belogen,
ausgenützt und oft betrogen.
Das Alles lass ich nicht mehr zu,
wenn Du mir hilfst, ja wirklich Du!

Ich lernte positives Denken,
vergaß dabei das dumme Kränken,
den falschen Stolz zu unterdrücken,
das lernte ich in kleinen Stücken.

Ich will mit Dir ein neues Leben,
wenn Du mich brauchst, will Dir mich
geben,
lässt Du mich in Dein Herz hinein,
dann wird es sehr bald Liebe sein.

Und wenn mein Herz, das oft geweint,
sich mit dem Deinen dann vereint,
dann halt mich fest und glaub an mich,
wenn ich dann sag „Ich liebe Dich!"

Und wenn das Schicksal es so will,
dann wächst in uns auch das Gefühl,
das man ganz einfach L I E B E nennt,
und sich in unsre Herzen brennt!


Gewalt

Wie bauen viele Männer
ihre Aggressionen ab?

Mit Faustschlägen für die Frauen!

Wie werden viele Kinder
bestraft oder erzogen?

Mit der Prügelstrafe!

Wie werden Konflikte
in der Familie gelöst?

Mit Gewalt!

Warum werden
Kinder geschändet,
Frauen vergewaltigt,
Tiere gequält?

Weil Gewalt
ein täglicher Bestandteil unseres Lebens
ist!

Warum werden
Kriege geführt,
Menschen getötet?

Weil der Mensch glaubt
mit Gewalt
alle Dinge
lösen zu können!

Doch Gewalt löst kein Problem,
Gewalt erzeugt wieder Gewalt
und ist ein Zeichen der Schwäche!

Aufeinander zugehen,
miteinander sprechen,
verzeihen und auch nachgeben,
das ist Stärke!

Ein ehrliches, freundliches und liebes
Wort,
könnte das Ende der Gewalt bedeuten!

Gewaltlos

Ein wahrhaft schöner Traum!


Lavastrom

Du bist wie mein Lavastrom,
ich bin Dein Vulkan,
meine Sinne brennen schon,
fahren Achterbahn.

Ich fühl' in Dir das zarte Beben,
den Lebenssaft, so heiß,
gemeinsam dieses Ziel erstreben,
so salzig perlt Schweiß.

Der sanfte Druck von Deinen Lippen,
verschmolzen fest mit mir,
der Gleichklang, dieses stete Wippen,
ich verliere mich in Dir.

Mit Harmonie den Punkt erreichen,
der für uns Erfüllung ist,
dies' Gefühl, nicht zu vergleichen,
wenn sich der Lavastrom ergießt.

Gemeinsam dann in Sphären schweben,
die Sinne liegen brach,
sich einfach völlig hinzugeben,
bis zu dem Spiel danach.


Der Engel und der kleine Stern

Der kleine Stern zum Engel spricht:
„Dir geht es gut, mir aber nicht,
Du kannst oft bei den Menschen sein,
ich leuchte hier und bin so klein".

„Ich bin doch nur am Firmament,
ein kleiner Lichtstrahl, der hier brennt,
Du darfst sogar ein Kind beschützen,
wem aber bitte, soll ich nützen?"

Der Engel sah nun auch die Tränen,
vom kleinen Stern, hörte sein Sehnen,
ganz sacht nahm er das Sternenlicht,
ein zarter Strahl, mehr war es nicht.

Er trug den Stern zu Vater Mond,
der auch am Sternenhimmel wohnt,
dort glänzte er in voller Pracht,
er ganz allein, hellte die Nacht.

Nun sprach der Engel zu dem Stern:
„Wer Dich nun sieht, der hat Dich gern,
wenn Kinderaugen Dich erblicken,
strahlt ihr Gesicht, voller Entzücken!"

So funkelt er bei Tag und Nacht,
der „Engelsstern", der Freude macht,
man sieht ihn nah, man sieht ihn fern,
den Abend - und den Morgenstern!


Gelebte Gefühle


Gebunden,
gefunden,
mit Schmerzen empfunden,

zerstritten,
gelitten,
vergebenes Bitten,

zu groß die Schmach.

Erst Tränen,
dann Sehnen,
Gefühle belehnen,

besessen,
vergessen,
am Dasein gemessen,

das Herz zerbrach.

Belogen,
betrogen,
der Wahrheit entflogen,

vergeben,
dann leben,
das Glück erstreben,

die Liebe danach!


Der Brief

Vater, wo bist Du gewesen,
als ich lernte, schreiben, lesen,
als ich krank lag im Spital,
ja, der Mami war's egal.

Aber mir nicht, ich will wissen,
hast Du jeden Brief zerrissen,
den ich ganz verzweifelt schrieb.
„Komm' doch heim, ich hab' Dich lieb".

Ich weiß, Ihr habt Euch gestritten,
sehr oft haben wir gelitten,
aber bitte sage mir:
„Was kann ich denn hier dafür?“

Seither ist viel Zeit vergangen,
hab' mit der Lehre angefangen,
heut' bin ich groß und kann erkennen,
warum Eltern sich auch trennen.

Schrieb auch Mami einen Brief,
manches lief ja bei Euch schief,
kann Euch nicht zusammenführen,
will nur Eure Liebe spüren.

Eines solltest Du noch wissen,
ich will Euch nicht länger missen,
bitte rührt Euch mal bei mir.
„Vati, ich verzeihe Dir!“

Dein Kind

Das Mädchen ohne Namen


Einmal als ich spazieren ging,
gab mir das Schicksal einen Wink,
ich ging und träumte vor mich her,
da berührte meine Schulter irgendwer,
so sanft, ich spürte es fast nicht,
ich drehte mich um, sah ein
Mädchengesicht.

Ein Lächeln lag auf ihren Lippen,
ich konnte nur auf „Wunder" tippen,
ihre Augen strahlten froh,
ihr Haar war blond, so wie das Stroh,
sie sprach mich mit leiser Stimme an,
ob sie ein Feuer haben kann.

Als sie den ersten Zug gemacht,
habe auch ich sie angelacht,
es war wie ein Theaterstück,
oder Liebe auf den ersten Blick,
Scheue, die war längst passee,
wir gingen auch in ein Café.

Die Stunden sind sehr rasch verronnen,
es endete wie es begonnen,
wir waren Beide gut gelaunt,
und über uns noch mehr erstaunt,
wir reichten uns noch rasch die Hände,
und unser Date, das war zu Ende.

Es war ein kurzes Glücksgefühl,
doch eins, das man nie missen will,
ich denk auch heute noch an sie,
doch Näheres erfuhr ich nie,
so wie ein Foto ohne Rahmen,
blieb sie das „Mädchen ohne Namen!"


Zwischenspiel

Irgendwann wird man geboren,
erblickt erstaunt das Licht der Welt,
man wurde dazu auserkoren,
zu tun, was anderen gefällt.

Man lernt das Sprechen und das Essen,
das Gehen und so manche Pflicht,
und dann wird man daran gemessen,
ob man begreift oder auch nicht.

Man geht zur Schule, weiter streben,
Rechnen, Schreiben, Physik, Chemie,
man versucht alles zu geben,
übrig bleibt die Fantasie.

Wir werden durch die Zeit getrieben,
das Hirn mit Daten rasch gefüllt,
ob wir das hassen oder lieben,
es wird mit uns doch nur gespielt.

Man müsse für sich selber lernen,
werden wir dann stets gemahnt,
nie von dem rechten Pfad entfernen,
weil man nur so sein Leben plant.

So vorbereitet, mit Elan,
betreten wir die Arbeitswelt,
bis jetzt haben wir NICHTS getan,
nun arbeiten wir für das GELD.

Jetzt merken wir den Unterschied,
ob man arm ist oder reich,
jeder ist seines Glückes Schmied,
doch leider ist nicht jeder GLEICH.

Denn ist man schon sehr reich geboren,
dann merkt man nicht den Frust, die
Last,
der Arme hat hier nichts verloren,
weil er nicht in das Schema passt.

Doch will man kein Schmarotzer sein,
muss man ganz einfach dienen,
lässt sich auf jede Arbeit ein,
hält nichts von sozialen Schienen.

Wir arbeiten nun für die Katz,
doch wird man einmal krank,
verliert man seinen Arbeitsplatz,
der NÄCHSTE sitzt schon auf der Bank.

So geht's, der Chef hat immer Recht,
und Du bist immer Zweiter,
und wehrst Du Dich, dann geht's Dir
schlecht,
kein Platz auf der Karriereleiter.

Man wird zum „Bücker" oder „Kriecher",
oder man wird arbeitslos,
es sei denn man hat einen Riecher,
und spielt selbst den großen Boss.

Und so vergehen Deine Jahre,
Du rackerst um den Hungerlohn,
auf Deinem Kopf sind graue Haare,
Du freust Dich auf die Pension.

Doch Pension ist nur ein Wort,
das Alter reißt Dich in ein Loch,
Dir schwimmen Deine Felle fort,
Pension? Gibt es die noch?

Wenn JA, dann freue Dich mit ihr,
wenn NEIN, dann kannst Du auch nichts
tun,
bezahlt hast Du doch stets dafür,
was bleibt, das Privileg zum Ruhn.

Ist man gesund und hat Geduld,
hat alles wieder einen Sinn,
denn ist man krank, war keiner schuld,
man wirft nur noch sein Leben hin.

Das ganze Leben war wie ein Traum,
nun siehst Du es aus Deiner Sicht,
doch LEBENSWERT war es wohl kaum,
der Tod gibt Dir die Antwort nicht.

Du bist geboren und gestorben,
das Leben war ein Zwischenspiel,
Du hast Dich nicht darum beworben,
Du stehst am Anfang, nicht im Ziel.

Der Akt

Welch Schönheit, welche Harmonie,
die pure Weiblichkeit,
im Gleichklang mit Melancholie,
von jedem Makel längst befreit.

So unschuldig, so frisch und rein,
und dennoch stimulierend,
auch so kann die Erotik sein,
und nicht diskriminierend.

Ein nackter Körper einer Frau,
so schön wie Gott ihm schuf,
der Maler traf den Stil genau,
die Kunst ist sein Beruf.

Und würde jeder Mann sie sehn,
so wie's der Künstler tat,
dann könnte jede Frau verstehn,
dass „Mann" auch Freude hat.

Und die Moral von dem Gedicht,
ist wirklich leicht erklärt,
sieht „Mann" den Wert der Frau noch
nicht,
dann ist er sie nicht wert.

Fragen

Vater sag, wo ist die Mammi?
Hat sie keine Zeit für mich?
Vater, wo sind meine Brüder?
denn auch sie vermisse ich.

Vater, wo ist meine Schwester?
sie war immer lieb zu dir,
doch ich hörte sie nur weinen,
hinter der verschlossnen Tür.

Vater, wo bist du gewesen?
gestern, in der kalten Nacht,
ich hab dich im Wald gesehen,
was hast du denn dort gemacht?

Vater, was wolln denn die Leute?
die da stehn vor unsrer Tür,
warum musst du mit ihnen gehen?
Vater, was geschieht mit mir?

Vater, was macht denn die Tante?
die mich mit nimmt in ihr Haus,
dort sind viele kleine Kinder,
trotzdem will ich wieder raus.

Vater, kannst du mir erklären,
warum hast du das getan?
Menschenleben zu zerstören,
ja, dein Kind das klagt dich an.

Gib mir endlich eine Antwort,
auf die Fragen die ich hab,
oder nehmen sie die Menschen,
die ich liebte, mit ins Grab?


Die Tür des Lebens

Am Anfang trug ich dich im Arm,
liebkoste dich und hielt dich warm,
dann führte ich dich an der Hand,
durch dieses große, fremde Land.

Ich zeigte dir fast jedes Spiel,
und alles das was dir gefiel,
doch aus dem Kinde wurd ein Knabe,
mein Sohn ich bin froh, dass ich dich
habe.

Doch rasch vergehn die Jugendjahre,
ich habe selbst schon graue Haare,
und aus dem Knaben ward ein Mann,
den ich jetzt nicht mehr halten kann.

Doch führt dein Weg dich wieder heim,

die Tür wird nie verschlossen sein!


## Glücksgefühl

Das Glück hat eine zarte Haut,
es wird stets neu geboren,
hast Du zu viel darauf gebaut,
geht es sehr rasch verloren.

Oh Mensch, Dein Glück liegt oft so nah,
Du musst nur etwas lernen,
zu fühlen, was mit Dir geschah,
Du greifst nur nach den Sternen.

Die Sterne stehn am Himmelszelt,
sie leuchten schön wie Kerzen,
das Glücksgefühl, das Dich erhellt,
erstrahlt in Deinem Herzen!


## Mein Weg

Ich geh den Weg seit vielen Jahren,
ich hab ihn Lebensweg genannt,
begleitet stets von den Gefahren,
die ich schon früh genug erkannt.

Da gab's den Stolz, den Hass, die Gier,
und auch die Trägheit war dabei,
sie alle wollten gehn mit mir,
ich ließ es nicht zu, war lieber frei.

Doch auch die Liebe und der Schmerz,
und die verdammte Eifersucht,
die haben mich und auch mein Herz,
auf meinen langen Weg besucht.

Dann gab es Kinder und die Frauen,
die gingen mit mir, Hand in Hand,
ich wollte immer Schlösser bauen,
doch baute ich zu viel auf Sand.

Ging über Berge, ging durch Täler,
der Weg war steinig, doch auch leicht,
war einmal breit, war einmal schmäler,
und von der Sonne ausgebleicht.

Ich bin von ihm nie abgewichen,
ging immer schnurstracks darauf los,
ging öfter schnell, bin auch geschlichen,
war einmal klein und manchmal groß.

Wie lange darf ich ihn noch gehen,
den Weg der auch mein Leben ist,
wann mach ich Halt, bleib einfach stehen,
dort wo die Zeit sich selbst vergisst?

Die Antwort kann ich mir nicht geben,
denn alles ist mir vorbestimmt,
mein Weg, mein Glück und auch mein
Leben,
ich weiß es erst, wenn es beginnt!


Der „Reimer"

Er sitzt bei Tag und auch bei Nacht,
und schreibt was er sich ausgedacht,
erzählt von Träumen und Gedichten,
von Selbsterlebten und Geschichten,
berichtet von der heilen Welt,
und von der Frau, die ihm gefällt,
nimmt er die Feder in die Hand,
schreibt er mit Herz und viel Verstand.

Er formt die Sätze dann zu Reimen,
will Freude schenken und nicht
schleimen,
er will zur Lyrik uns bewegen,
versucht poetisch anzuregen,
verpackt in Verse dann die Liebe,
vermittelt uns des Menschen Triebe,
will literarisch uns belehren,
die großen Dichter will er ehren.

Er selbst will sich nicht Dichter nennen,
will sich nur zu der Kunst bekennen,
der Kunst zu schreiben, die er liebt,
die er fast täglich von sich gibt,
empfindet sie als eine Gabe,
die er von Gott erhalten habe,
er weiß, dass er auch nie vergisst,
dass er doch nur ein „Reimer" ist.


Mein Kind

Ich liebe Dich so sehr, mein Kind,
weil es Dich gibt in meinem Leben,
das große Glück, das ich nie find',
wirst Du mir immer geben.

Ich geh mit Dir durch dick und dünn,
nichts kann mich von Dir trennen,
Du gabst dem Leben einen Sinn,
will mich dazu bekennen.

Ich glaub' an Dich, Du machst mir Mut,
was Du auch immer denkst,
auch Deinen Kindern geht es gut,
weil Du auch ihnen Liebe schenkst.

Ich liebe Dich mein ganzes Leben,
so lang ich auch die Kräfte hab',
kann ich nicht mehr, tust Du es eben,
begleitest mich zu meinem Grab.


Dein Bild

Ich wache auf, es ist Nacht,
wieder mal an Dich gedacht,
wieder Dein Gesicht gesehn,
zu viel passiert, zu viel geschehn.

Du stehst vor mir, zum Greifen nah,
mein Herz in Deine Augen sah,
denn meine waren leider blind,
als wir verliebt gewesen sind.

Ich fühle Deinen sanften Mund,
die Seele küsste er gesund,
doch eins vermisse ich so sehr,
Dein Lächeln, das gibt es nicht mehr.

Deine Freude, Deinen Schmerz,
teile ich mit Dir, mein Herz,
Du streichelst zärtlich durch mein Haar,
es ist ein Traum und nicht mehr wahr.

Wo Du auch bist, ich bin bei Dir,
Dein Herz schlägt immer noch in mir,
kein Gold, kein Geld, kein Diamant,
kann dienen mir dafür als Pfand.

Ich kann es drehen und auch wenden,
ich halt Dein Bild in meinen Händen,
ich kann mich stets daran erfreun,
ich küsse es, dann schlaf ich ein.


Irgendwann, im nächsten Leben

Irgendwann, im nächsten Leben,
wenn es dieses wirklich gibt,
wirst Du mir vielleicht vergeben,
dass ich Dich zu sehr geliebt.

Irgendwann, im nächsten Leben,
wirst Du mich vielleicht verstehn,
kannst Du mir die Antwort geben,
„Warum musstest Du nur gehn?"

Irgendwo, dort hinter Sternen,
wo der Mond uns näher rückt,
können wir uns kennen lernen,
was uns damals nicht geglückt.

Irgendwo, in Meerestiefen,
mitten drin im Ozean,
werden wir uns wieder prüfen,
Neubeginn, von Anfang an.

Irgendwann, im nächsten Leben,
gibt es keine Tränen mehr,
nur mehr Sonnenstrahlen schweben,
hinter unsren Herzen her.

Irgendwann, im nächsten Leben,
gibt es nur mehr Dich und mich,
alle Fehler sind vergeben,
ich weiß dann, versteh' ich Dich!


Vielleicht Du?

Vergangenes ist längst vorbei,
mein Herz lebt wieder und ist frei,
zurück bleiben geweinte Tränen,
vergessen Traurigkeit und Sehnen,
ich finde plötzlich wieder Ruh,
denn da bist Du.

Der Liebeskummer ist vergangen,
mein Leben hat sich längst erfangen,
vergessen die, die einst so lieb,
die mich fast in den Wahnsinn trieb,

mein Herz, das schließ ich einfach zu,
doch dann kommst Du.

Vielleicht bist Du es, die an mich denkt,
und mir ihr Herz für immer schenkt,
vielleicht bist Du es, die mich liebt,
und mir Gefühle wieder gibt,
Du wärst die Zukunft dann für mich,
ich glaub an Dich.

Noch weiß ich Deinen Namen nicht,
ich kenne auch nicht Dein Gesicht,
ich habe auch kein Bild von Dir,
und fühle trotzdem, Du bist hier,
ich gebe auch ganz offen zu,
das bist Du.

Wenn Du das Gleiche fühlst wie ich,
wenn Du „Ihn" suchst, dann denk an mich,
ich lauf nicht weg, ich bleibe hier,
vielleicht leb ich schon längst in Dir,
wer hört jetzt meinem Herzen zu,
vielleicht Du?

Ist es schön ein Star zu sein?

Vor mir im Spiegel, mein Gesicht,
ein leichtes Zucken, mehr noch nicht,
mein Pulsschlag der wird immer
schneller,
im großen Saal wird es schon heller,
kein Mensch bei mir, der mit mir spricht,
schon bald steh ich im Rampenlicht,
unaufhaltsam verrinnt die Zeit,
mein Lampenfieber macht sich breit.

Mein Auftritt ist fast programmiert,
dann die Frage: „Was passiert?“,
wenn meine Stimme heut versagt,
egal, ich habe diesen Schritt gewagt,
ich wollte auf der Bühne stehen,
und Euch Alle jubeln sehen,
ich arbeitete hart und viel,
ein Star zu sein, das war mein Ziel!

Doch will ich wirklich dieses Leben?
Jedem Autogramme geben,
Fanpost schreiben und auch lesen,
ist denn das der Sinn gewesen?
Was bliebe über noch von mir?
Ein Vertrag, ein Stück Papier?
Den Machtkampf habe ich verloren,
mit mir ist doch kein Star geboren!

Abschiedsrauschen

Einsam,
mit verträumter Seele,
folgte er dem Ruf der Stille.

Nur das Rauschen des Meeres,
durchbrach die Leere -
seines Lebens.


Reinkarnation

Ich sitze mir gegenüber,
mein Blick
trifft ein fremdes Gesicht,
dennoch sehe ich
mir Wohlvertrautes.

Ich bin nur Gast
in diesem Leben,
das ich so oft
„Erleben"
durfte!

# GEDANKENKINDER

- 79 -

Vielleicht denk ich grad jetzt an Dich

Vielleicht denk ich grad jetzt an Dich,
ich blicke zu den Sternen,
wenn Du genauso fühlst wie ich,
beginnt mein Herz zu schwärmen.

Auf Deinem Weg, so gut es geht,
wird meine Hand Dich leiten,
wenn Dich auch niemand mehr versteht,
ich werde Dich begleiten.

Gemeinsam Eins, ein Glücksgefühl,
die Herzen in uns brennen,
wir haben beide nur ein Ziel,
wenn uns auch Welten trennen.

Vielleicht träumst Du vom Glück mit mir,
willst zu den Wolken schweben,
drum schreib ich diese Zeilen Dir,
ich will die Liebe leben.


Wenn der Wind mein Herz verweht

Wenn der Wind mein Herz verweht,
träume ich  zu schweben,
weiß noch nicht wohin es geht,
weil doch nur der Wind versteht,
unbeschwert zu leben.

Wenn ein Wort das Andre gibt,
Gedankenstürme reifen,
bin ich trotzdem nicht betrübt,
spüre doch, dass Sie mich liebt,
kann's noch nicht begreifen.

Ganz behutsam trägts der Wind,
fühlend durch den Morgen,
ehe Dunkelheit beginnt,
dorthin, wo die Träume sind,
nun bin ich geborgen.


Würd' mein Herz...

Würd' mein Herz noch schreien können,
schrie es laut nach Dir,
doch es steht wie eine Wand,
zwischen Dir und mir.

Würd' mein Herz noch weinen können,
so wie ich empfand,
würden Tränen rasch vertrocknen,
wie im Wüstensand.

Würd' mein Herz noch lachen können,
würde es sich freun,
doch Du ließt die Sonnenstrahlen,
nicht zu Dir hinein.

Würd mein Herz auch schreiben können,
schrieb es ein Gedicht,
in Gefühl gehüllte Worte,
doch Du liest sie nicht.

Eines fühlt mein Herz noch immer,
Deine Zärtlichkeit,
die Du mir einmal gegeben,
wo blieb diese Zeit?


Wenn Musik im Herz erklingt

Wenn Musik im Herz erklingt,
dann lausch' der Melodie,
wenn sie von der Liebe singt,
hörst Du die Symphonie.

Wenn Musik im Herz erklingt,
behüte dieses Gut,
wenn das Schicksal Dich bezwingt,
macht es Dir wieder Mut.

Wenn Musik im Herz erklingt,
kommt das dem Lächeln gleich,
wenn die Seele freudig springt,
bist Du unendlich reich.

Wenn Musik im Herz erklingt,
frag' nie nach dem Warum,
wenn kein Lied mehr aus Dir dringt,
bleibt auch dein Leben stumm!


Als Gedanken starben

Irgendwann ist Sie gegangen,
grundlos, ohne jeden Streit,
irgendwann bin ich gehangen,
an Ihr und Ihrer Herzlichkeit.

Irgendwann schlichen Gefühle,
leis', verstohlen sich dann fort,
Kälte, sie durchbrach die Schwüle,
Herzinferno ohne Wort.

Gedankentod war unumgänglich,
Restglück starb in Bitterkeit,
Liebe ist nicht lebenslänglich,
vergänglich ist sie, wie die Zeit.

Das kleine Café

Weißt Du noch,
als wir
das letzte Mal
in unserem kleinen Café waren?

Wir tranken wie immer
Melange und Cola,
wie so oft,
hielt ich Deine zierlichen Hände
und küsste zärtlich
Deinen Mund.

Weißt Du noch,
damals
sprachen wir nicht viel,
nur unsere Blicke trafen sich.

Der Aschenbecher
quoll fast über,
wir rauchten Beide viel zu viel,
genauso wie immer,
nur Dein Lächeln fehlte mir,
Tränen traten aus Deinen sonst so frohen
Augen.

Weißt Du noch,
wir hörten noch einmal,
gemeinsam
unser Lieblingslied.

Damals
in unserem kleinen Café,
wo alles begann,
trennten sich unsere Wege!


Du bist…!

Du bist mein Heute und mein Morgen,
Du bist die Ebbe und die Flut,
Du bist das Lächeln, das geborgen,
ganz tief in meiner Seele ruht.

Du bist die Träne in den Augen,
das Buch, in dem man Schönes liest,
will Deine Liebe in mich saugen,
die ich so lange hab' vermisst.

Du bist das Licht in meinem Leben,
das mir die Dunkelheit vertreibt,
weil Du so bist, will ich Dir geben,
mein Herz und meine Dankbarkeit!

Wortdolche

Wer sein Herz
zur Schau stellt,
muss damit rechnen,
dass es von
Wortdolchen
verletzt wird!


Herzrosenzeit

Mein Herz
in Deinen Rosenblüten
gebettet,
Liebe ohne Dornen.

Ich fühle
Herzrosenzeit!


Gedankenflucht

Wenn Gedanken mir entfliehen,
rund um Mutter Erde ziehen,
frag ich mich, wer fängt sie ein,
bringt sie unbeschadet heim?

Landen sie in Deinen Händen,
die so zärtlich sind und rein,
könntest Du sie wieder senden,
in mein offnes Herz hinein.

Lieb bewacht von Deiner Güte,
mit Gefühlen sanft und sacht,
besser ich sie nun behüte,
denn ich hab an Dich gedacht!


Am Ende des Regenbogens

Ich schau zum Himmel empor,
leichter Regen nässt sanft mein Gesicht,
meine Gedanken sind bei Dir.

Durch dunkelgraue Wolken,
bahnen sich die ersten zarten
Sonnenstrahlen
ihren Weg zur Mutter Erde.

Ein zauberhafter, bunter Bogen,
spannt seine Farben über die Landschaft,
die Brücke zum Paradies.

Vielleicht malst Du die gleichen Gefühle,
zärtlich in Dein Herz,
am anderen Ende des Regenbogens.

Ich denke immer noch an Dich!

Die Zeit verging so wie ein Traum,
die Stunden hab ich nicht gezählt,
die Blütenpracht wechselt der Baum,
er hat ein neues Kleid gewählt.
Viel Wasser floss den Bach hinab,
und schuf sich neue Bahnen,
Tränen flossen, nicht zu knapp,
Du kannst es wohl erahnen.
Doch auch wenn Du Dich nicht mehr
rührst,
Dein Herz ließ alles hinter sich,
wenn Du auch nicht das gleiche spürst,
ich denke immer noch an Dich!

So viele Tage sind verronnen,
die meisten Nächte lag ich wach,
und so als hätt' es jetzt begonnen,
denk ich über die Liebste nach.
Hat Sie das große Glück gefunden?
Geht es Ihr wirklich gut?
Hat Sie das „Damals" überwunden?
Hat Sie schon wieder Mut?
Mein Herz das schreit so laut nach Dir,
und es erinnert mich,
ich kann nichts tun, kann nichts dafür,
ich denke immer noch an Dich!

Ich lebe und leb ohne Wut,
ich habe viel dazu gelernt,
hab viel erreicht, es geht mir gut,
mich nie von meinem Weg entfernt.
Ich hoffe Du kannst mich verstehn,
warum ich diese Zeilen schrieb,
wirst mich mit andren Augen sehn,
ich bleib Dein Freund und hab Dich lieb.
Ich habe dies Gedicht geschrieben,
weil es so wichtig ist für mich,
ich bin ganz einfach „Mensch" geblieben,
ein Mensch, der immer denkt an Dich!


Ich glaube, Du hast mich wirklich geliebt


Du sagtest fast nie, die berühmten drei
Worte,
nur gelegentlich, kamen sie über Deine
Lippen,
trotzdem warst Du da für mich.

Du gabst mir das schönste Geschenk,
was eine Frau zu verschenken hat,
nein, nicht Deinen Körper,
Du hattest mir Dein Herz geschenkt.

Du hattest nur Angst,
Angst ihn zu verlassen,
dennoch gab es Dich.

Du warst eine wunderbare Frau,
wahrscheinlich bist Du es noch immer,
für kurze Zeit warst Du mein Engel,
mein Schutzengel.

Wenn ich auf meine Gefühle und auf mein
Herz höre,
dann glaube ich fast, Du hast mich
wirklich geliebt.


Ich sag lieb nur, Dankeschön!

Ich könnte es wie andre sagen,
mit teuren Ringen, Orchideen,
ich könnte Dich auf Händen tragen,
doch ich sag lieb nur, Dankeschön.

Für das Strahlen Deiner Augen,
funkelnd wie das Sternenlicht,
für das Lächeln Deines Mundes,
das jede Dunkelheit durchbricht.

Für Dein Denken und Dein Lieben,
für Deine große Zärtlichkeit,
für die Zeit die Du geblieben,
dafür zeig ich Dankbarkeit.

Ich will Dir einfach „Danke" sagen,
weil Du Lebensfreude gibst,
dieses „Danke" soll Dich tragen,
auch wenn Du mich nicht mehr liebst.

Auch nach Jahren, Du wirst sehen,
wenn kein Hahn mehr kräht nach mir,
bleibt dies „Dankeschön" bestehen,
das ich lieb gesagt zu Dir!


klein geschrieben

mein leben lag am boden,
mein engel, dann kamst du,
warst meine antriebsfeder,
das geb' ich offen zu.

behielt nur die gedanken,
die für mich wichtig sind,
ich hab' sie klein geschrieben,
sie sind mein seelenkind.

ich bin ich selbst geblieben,
so wie ich immer war,
die größe liegt im glauben,
das ist mir heute klar.

schick dir mein liebstes lächeln,
als kleines dankeschön,
versuche zu begreifen,
mein herz wird's nie verstehn!


## Wahre Liebe ist ganz leise

Wahre Liebe ist ganz leise,
unschuldig, gefühlvoll, rein,
sie geht oft träumend auf die Reise,
legt sich ganz sacht ins Herz hinein.

Wahre Liebe ist ganz leise,
lautlos führt sie die Regie,
Liebe sucht keine Beweise,
wer Liebe lebt, der liebt wie sie.

Wahre Liebe ist ganz leise,
zart von jedem Zwang befreit,
genieße sie, wie Götterspeise,
denn oft bleibt sie nur kurze Zeit.

Trotz Deiner Lügen

Den Lügen ins Gesicht gesehn,
hoffnungslos verrannt,
ich lernte viel zu spät Verstehn,
hab Masken nicht erkannt.

Gefühle ins Exil verbannt,
getreten der Verstand,
den Schmerz tief in mein Herz gebrannt,
weißt Du was ich empfand?

Wollt' Falschheit nicht mit Lügen strafen,
hab's niemals angestrebt,
all jene die mit Steinen warfen,
hab ich längst überlebt.

Drum schreib ich diese Zeilen hier,
weil es auch Wahrheit gibt,
war immer nur ein Freund zu Dir,
der ehrlich Dich geliebt!


Meine Träne lacht für Dich

Weil manches Glück im Leben bricht,
wein ich ein Lachen mir ins Gesicht,
auch wenn mein Herz Dich noch vermisst,
freu ich mich weil Du glücklich bist.

Wenn beim Abschied Tränen fließen,
Herzschmerzperlen traurig sprießen,
in Einer spiegelt mein Lächeln sich,
denn diese Träne lacht für Dich!


Wenn Dein Engel Dich verlässt

Wenn Dein Engel Dich verlässt,
lass ihn gehn, halt ihn nicht fest,
öffne Deine Seelentür,
er zeigt sein Lächeln Dir dafür.

Er kam zu Dir fast über Nacht,
hat Dich mit Liebe nur bedacht,
hat Dich vom Kummer ganz befreit,
er teilte mit Dir, Glück und Leid.

Du trugst ihn stets in Deinem Herz,
verbannte daraus jeden Schmerz,
nun trägst Du in Dir Engelslicht,
sein Antlitz, das vergisst Du nicht.

Nun braucht ein andres Menschenkind,
den Engel, der ihm gut gesinnt,
den Engel, der stets an Dich denkt,
der Dir zum Abschied Tränen schenkt.

Sie blühen, sind wie Engelsblüten,
die Dich vor Bösem nun behüten,
„Grüß Gott mein Freund, pass auf, auf
Dich",
er sprachs, bevor sein Bild verblich.


Warum?

Warum soll ich weinen,
es ist längst vorbei,
ich will lieber lachen,
da fühl ich mich frei.

Warum denn bekämpfen,
was ich einst geliebt,
es ist doch viel schöner,
wenn man sich vergibt.

Warum denn verschließen,
mein Herz und mein Ich,
ich will es genießen,
das Leben und Dich.

Warum immer denken,
an damals zurück,
ich will sie verschenken,
Gefühle und Glück.

Warum immer zweifeln,
wozu denn, wofür,
ich glaub noch an Wunder,
ich fühl Dich in mir.

Ich glaub an die Liebe,
ist sie auch noch stumm,
ich werde sie finden,
frag mich nicht warum!


Tröstende Worte

Fühlst Du einmal Dich allein,
lass' Sonne in Dein Herz hinein,
lächle in die Welt hinaus,
gib dem Kummer keine Chance,
von mir bekommst Du Trost geschenkt,
denn ich bin der, der an Dich denkt!

Tiefgekühlt

Wenn Freundschaft, Verständnis und
Vertrauen,
mein ganzes Leben bestimmen,
wenn ich mit Liebe, Gefühl und
Zärtlichkeit,
den Höhepunkt des Glücks erreiche,
dann würde ich am liebsten
diesen Zustand
einfrieren.

Irgendwann,
wenn einmal die Sonne
vergessen hat für mich zu scheinen,
wenn alles trostlos und zum Verzweifeln
ist,
wenn ich also total am Ende bin,
dann würde ich
diese tiefgekühlte Kostbarkeit,
in meinem Herzen
auftauen!

Sonnenuntergang

Sonnengleich
erschienst Du,
am Himmel meines Lebens,
branntest
mit goldenen Strahlen,
Liebe in mein Herz.

Doch irgendwann
sah ich,
am flammenden Horizont,
den Sonnenuntergang.


Roulette

Die Kugel, die im Kessel rollt,
mit Hindernissen, wie gewollt,
scheint so, als würd' sie manchmal
fliegen,
doch irgendwo, bleibt sie mal liegen.

Roulette ist fast so wie das Leben,
sehr oft liegt man ganz weit daneben,
man setzt auf irgendeine Zahl,
und stellt dann fest, die falsche Wahl.

Wie oft will man sein Glück erzwingen,
doch gar nichts mehr will dann gelingen,
da steckt man sich erneut ein Ziel,
„Rien ne va plus", ein neues Spiel.

Erbarmungslos das Rad sich dreht,
der Einsatz liegt und nichts mehr geht,
im Leben ist es ebenso,
die Kugel rollt mit Risiko.

Sein Glück hat man selbst in der Hand,
setzt man auch ein, seinen Verstand,
am Roulettetisch dieser Welt,
bis die letzte Kugel fällt!


Schwarzer Engel der Nacht

Wieder einmal, hab' ich an sie gedacht,
an die Engel der Liebe mit ihrer Macht,
Gedanken die schwebten zum Himmel
empor,
vernahm ihre Stimmen, sie erfreuten
mein Ohr,
ich fühlte mich plötzlich behütet,
bewacht,
denn da stand er vor mir, der Engel der
Nacht.

Wer hatte mir diesen Engel gesandt,
der mit schwarzen Haaren, fast nackt vor
mir stand,
mit leuchtenden Augen, so feurig und
heiß,
meine Poren geöffnet, es floss kalter
Schweiß,
die himmlische Schönheit nahm mir den
Verstand,
als er mich berührte, mit zärtlicher Hand.

Nahte das Ende, oder lebte ich noch,
ich spürte die Angst, wie sie in mich
kroch,
doch Angst ist vergänglich, die Lust
riesengroß,
im Banne des Engels, kam ich davon
nicht los,
die Wollust die hatte uns Beide gepackt,
Körper verschmolzen, gefühlvoll und
nackt.

Im Rausche der Sinne, von Liebe
bedeckt,
sämtliche Geister und Triebe geweckt,
urplötzliches Tauchen in Lava voll Glück,
dann war er fort, ließ sein Feuer zurück,
er hatte das „Leben" in mein Leben
gebracht,

„Hab' Dank liebe Freundin, Schwarzer
Engel der Nacht"!


Rattenschwanz

Wie ein Rattenschwanz
heften sich Jene an Deine Fersen,
die behaupten
Deine Freunde zu sein.

Falsche Freunde
sind
gefährlicher
als
Rattengift!


Menü des Herzens

Küchenchef Gerhard Stadler empfiehlt:

VORSPEISE

Humor mit Lebensfreude, mit einem
kleinen Lächeln garniert

SUPPE

Glücksperlen in heißem Blut

HAUPTSPEISE

Filet vom Gefühl,
Vertrauen, Verständnis und Ehrlichkeit als
Beilage,
garniert mit jeder Menge Liebe

DESSERT

Süße Küsse belegt mit Treue,
verziert mit einem Hauch von Erotik

Zum Abrunden empfiehlt der Küchenchef:

Eine Flasche „Feurig roter Leidenschaft"

Guten Appetit!


Kraftpaket

Zeige keine Muskeln,
sondern
Deine Gefühle,

schlage nicht zu,
sondern
versuche zu reden,

hasse nicht,
sondern
lerne zu verstehen,

spiele nicht den starken Mann,
sondern
stehe auch zu Deinen Tränen.

Schnüre Dein Kraftpaket
aus
MENSCHLICHKEIT!



Ich häng' an ihm...

Ich häng' daran, bin nicht zu trennen,
mein schönster Stolz ist zu erkennen,
ich liebe es, mein bestes Stück,
für mich ist es mein größtes Glück.

Ich hab' sehr oft damit gespielt,
war manchmal sanft und manchmal wild,
hab' oft damit auch spielen lassen,
heut' könnte ich mich dafür hassen.

Hab's oft verschenkt, fiel mir nie schwer,
heut' zeig ich es mit Freude her,
will stets dafür mein Bestes geben,
ich häng' an ihm, an meinem Leben!


Gefühleaustauschzeit

Wenn die Gefühle Saltos schlagen,
und Schmetterlinge sind im Magen,
wenn das Herz nach Atem ringt,
und das Blut zum Wallen bringt,
dann ist es wieder mal so weit,
es ist „Gefühleaustauschzeit".


Frieden

Man sollte mit sich selbst Frieden
schließen,
bevor man an den Weltfrieden denkt –

denn Dieser beginnt im eigenen
Herzen!

Die Regenpfütze


Es war Sonntagmorgen, ich wollte baden
gehn,
was musst' ich zum Entsetzen, durch
meine Fenster sehn,
es regnete schon wieder, die Straßen
waren nass,
ich fing an zu fluchen, das Wetter das ist
krass.

Verflucht es ist doch Sommer, doch
draußen ist es kalt,
nur immer vor der Glotze, da wird man
ganz schön alt,
man will es nicht recht glauben, das
Wetter spielt verrückt,
wer hat denn diese Kälte und diesen
Sturm geschickt?

Wer hat den Unfug getrieben?
Wer hat das alles bestellt?
Wo ist der Sommer geblieben?
Das Einzige was uns jetzt fehlt!

Ich nahm die Gummistiefel, und zog mir
diese an,
den alten Regenmantel, der jetzt nie
trocknen kann,
er war noch nass von gestern, vom
letzten Regenguss,
ich frag mich noch wie lange, ich damit
leben muss?

Nun stand ich auf der Straße, mir war so
sonderbar,
vor einer Regenpfütze, die wie ein See
groß war,
da kam ein Lastkraftwagen, ums Haus
daher geflitzt,
er hat den ganzen Badesee, auf mein
Gewand gespritzt.

Wer hat den Blödmann gesehen?
Wer hatte da so viel Spaß?
Zu Hause wär' das nicht geschehen,
jetzt bin ich gebadet und nass!

Ich hatte das Vergnügen, geschwommen
bin ich auch,
mir rann das ganze Wasser, über meinen
Bauch,
mein Ärger wurde größer, das lag doch
auf der Hand,

weil ich jetzt auch zu Hause, in der
Regenpfütze stand.

Wer braucht denn heute Bäder, wer
braucht denn einen Strand?
Wozu noch schöne Inseln, mit
blütenweißen Sand?
Bei dem verrückten Sommer, zahlt sich
das gar nicht aus,
ich habe meinen Badesee, direkt bei mir
zu Haus!


Zerrissen

Du gingst ohne ein Wort zu sagen,
die Tür fiel hinter Dir ins Schloss,
dieser Moment, kaum zu ertragen,
als meine erste Träne floss.

Gedanken schienen zu entfliehen,
das Zimmer, plötzlich kalt und leer,
als würd' die Luft sich mir entziehen,
fiel auch das Atmen mir so schwer.

Nun stand ich da, mit all den Worten,
die ich nicht mehr zu Dir gesagt,
es öffneten sich Höllenpforten,
die kranke Seele, schmerzgeplagt.

Nur noch Dein Duft hing an den Wänden,
wo blieb Dein Lächeln, Dein Gefühl,
wie konnte Dein Verstand Dich blenden,
als unser Glück ins Nichts zerfiel?

Für kurze Zeit war ich Dein Leben,
die Leidenschaft war heiß wie Glut,
ich hätte Alles Dir gegeben,
Dir fehlte nur ein wenig Mut.

Dann las ich Deine letzten Zeilen,
tränenfeucht war das Papier,
„Ich kann mein Ich mit Dir nicht teilen,
aber mein Herz, lass' ich bei Dir"!


3 Worte

Drei Worte will ich Dir heut' schreiben,
lange Briefe braucht es nicht,
wenn wir getrennt für immer bleiben,
wünsch' ich mir nur „Vergiss mich nicht"!

Casino

Scheinwelt
für
verspieltes Glück.

Einbahnstraße
zum
Ruin!


Ganz leise klopft es an der Tür

Täglich sehe ich im Spiegel,
ein Gesicht, das mir bekannt,
wie ein Bild mit einem Siegel,
hängt es da, an einer Wand.

Kleine Falten, Lebenswege,
die ich stets gegangen bin,
wenn ich's recht mir überlege,
haben alle ihren Sinn.

Auch im Haar das Grau, verborgen,
silbern leuchtet es im Licht,
doch es waren nicht nur Sorgen,
viele Jahre leugnest nicht.

Lächeln Du bist treu geblieben,
blaue Augen funkeln mild,
hab gelebt, nie übertrieben,
das bin ich, mein Spiegelbild.

Plötzlich höre ich ein Pochen,
leise klopft es an der Tür,
alter Mann mit morschen Knochen,
„Komm tritt ein, sei Gast bei mir"!


Preisausschreiben

Neulich hab ich Post bekommen,
ich habe einen Preis gewonnen,
es war sogar der erste Preis,
die Freude groß, weil wie man weiß,
hat man nicht immer so viel Glück,
so war ich stolz auf mein Geschick.

Doch plötzlich hab ich nachgedacht,
ich hab doch nirgends mitgemacht,
denn bei so vielen Preisausschreiben,
da kann man sehr leicht überbleiben,
man hat dann nicht nur den Verdruss,
weil man auch noch bestellen muss.

Doch die Neugier, keine Frage,
war sehr groß die nächsten Tage,
was man auch sehr leicht versteht,
doch endlich kam es, das Paket,
ich hatte nur mehr eins im Sinn:
„Was ist denn in dem Päckchen drin?“

Von meinen Augen fiels wie Schuppen,
sah aufblasbare Plastikpuppen,
im Hintergrund ein lautes Lachen,
„Papa, ich werds nicht mehr machen“
mein Sohn entschuldigte sich gleich,
über diesen Jungenstreich.

Und die Moral von dem Gedicht,
unterschätzt die Kinder nicht,
die können sehr viel Unfug treiben,
sogar mit einem Preisausschreiben!

Sinnlose Zeilen

Krieg

SINNLOS

Brutalität in der Familie

SINNLOS

Tod unschuldiger Kinder durch
Gewalteinwirkung

SINNLOS

Vergewaltigte Frauen

SINNLOS

Fremdenhass

SINNLOS

Hungersnot

SINNLOS

Wenn meine Gedanken und Worte etwas
verändern könnten,
dann wäre das

SINNVOLL

Aber selbst ich als bekennender Optimist
weiß,
dass man gegen die Windmühlen der
Realität
nicht ankämpfen kann,
also schrieb ich hier

SINNLOSE ZEILEN


Gemälde

Wenn ich in Deine Augen sehe,
dann denke ich
an das Blau des Himmels,
wenn ich Deinen zarten Mund
mit meinen Lippen berühre,
dann denke ich
an das Rot der Rosen.

Wenn ich Deine blonden Haare sehe,
wie sie sich sanft an Deine Schulter
schmiegen,

dann denke ich
an das Gold der Sonne,
wenn die ersten Sonnenstrahlen
den Morgen wecken,
dann sehe ich
Dein Lächeln vor mir.

Genau in diesem Moment
erkenne ich,
dass ich das schönste Gemälde der Welt,
in meinen Händen halte,
DICH!



Ventil

Unüberlegt
ausgespuckte
Worte
sind oft nur
ein Ventil
der Gedanken.

Sie leeren
die Mundhöhle
aber man kann trotzdem
daran
ersticken!

Gedankenkinder

In meinem Kopf geboren,
in meinem Herzen zart behütet –
gereift,
mit Liebe,
gefühlvoll
in die Welt geschrieben.

Mein geistiges Schaffen,

Gedankenkinder!


Der Kuss

Als dein Mund
sich dem Meinen näherte,
erbebte mein Körper,
als sich unsere Lippen berührten,
stand mein Herz in Flammen.

Es war ein Kuss voller Leidenschaft,
mit fast unschuldiger Zärtlichkeit,
ein Kuss der mir alle Sinne raubte,
es war
Dein Abschiedskuss!

Eden

Wenn meine Liebe
mit zarten Schmetterlingsflügeln,
über den Garten der Gefühle schwebt,
sanft auf Deiner Seelenblume landet,
sich an dem süßen Nektar erfrischt,
dann fühle ich mich
wie im Paradies.

Wenn Deine Liebe
wie von gläsernen Fäden getragen,
schillernd im Sonnenlicht,
mit einem strahlenden Lächeln,
in meinem Herz versinkt,
dann
trage ich Eden in mir!


Freie Gedanken

Verschließe nie Deine Gedanken
im Kerker
Deines Gehirns,
sondern
befreie Dich
von den Fesseln
der
Sprachlosigkeit!

Frühlingsfrieren

Die Sonne scheint,
Frühling zieht
wärmend ins Herz,
Schnee ruht
im Garten.

Blumen blühen
eisig
am Fenster.

Frühlingsfrieren!


Liebestraum – Traumliebe

Einst war es noch ein Liebestraum,
der zärtlich mich geweckt,
ein frisches Blatt vom Seelenbaum,
das Wehmut sanft bedeckt.

Einst war es noch ein Liebesspiel,
mit Trauerweidenschmerz,
heut' ist es Lebenslustgefühl,
Traumliebe mit viel Herz.

Realitätsträumer

Gib niemals auf
an Dich und an die Liebe zu glauben,
wenn Dich auch Viele
für einen Träumer halten.

Vergiss nie
auch Träume
können Realität werden!


Umweltsünder

Ich spuckte,
ohne darüber nachzudenken,
die schlechten Erinnerungen
an meine Vergangenheit,
in den See.

Schade um die
Fische!

Das Ende

Erst wenn der saure Regen,
auf tote Erde fällt,
erst wenn das große Feuer,
die Nacht zum Tag erhellt,
chemieverseuchter Nebel,
den Sauerstoff verbraucht,
dann ist der letzte Funken,
vom Leben ausgehaucht!


Das Feuer

Feuer kann Dir Wärme spenden,
Dir erhellen jeden Raum,
es liegt nur an Deinen Händen,
halte es ganz fest im Zaum.

Feuer kann Dein Diener sein,
aber bitte hör' auf mich,
lässt Du's einmal nur allein,
vernichtet und verbrennt es Dich.

Zerstörend ist die Macht des Feuers,
wenn der Wahnsinn weiter geht,
Du spürst die Kraft des Ungeheuers,
wenn die Welt in Flammen steht!

Die Erde

Die Erde ist ein großer Schatz,
in Harmonie lebt die Natur,
ob wilde Tiere, Pferd ob Spatz,
 von Habgier ist hier keine Spur.

Das größte Raubtier auf der Welt,
ist wohl der Mensch in seiner Gier,
zerstört all das was ihm gefällt,
er tötet wahllos jedes Tier.

Vulkane speien Lavaströme,
es brodelt ihr erhitztes Blut,
mit nichts kann man sie mehr versöhnen,
die Erde weint, Tränen aus Glut.


Das Wasser

Klares Wasser, klarer Quell,
so unschuldig und rein,
es spiegelt sich darin so hell,
ein Sonnenstrahl allein.

Das Wasser ist der Lebensraum,
für viele Lebewesen,
doch chemieverschmutzter Schaum,
ist jetzt ihr Tod gewesen.

Zum Waschen und den Durst zu laben,
dazu wäre es gedacht,
der Mensch missbrauchts zum
Müllabladen,
vergiftet es, fast über Nacht.

Regungslos die Fische treiben,
die Meereslunge ist verbraucht,
kein Leben wird mehr übrig bleiben,
wenn es im Wasser untertaucht.


Die Luft

Die Luft ist eine Kostbarkeit,
der Sauerstoff zum Leben,
sie ist die Lunge jeder Zeit,
mit der wir uns umgeben.

Das Elixier das Leben schafft,
wir sollten es behüten,
es spendet Frische und auch Kraft,
wir können's nicht vergüten.

Doch Abgas in den Himmel steigt,
aus Kaminen und Motoren,
wenn man noch länger dazu schweigt,
dann haben wir verloren.

Ich glaub' noch an Engel

Lass' mich Deine Tränen trinken,
Freudentränen schmecken süß,
lass' mich ganz in Dir versinken,
denn dort ist das Paradies.

Lass' mich durch Dein Lächeln schweben,
Engelsflügeln brechen nicht,
lass' mein Herz in Deinem leben,
dass Dein Licht mein Grau durchbricht!


Wenn Du von Liebe sprichst

Ich würde mich gerne
an Deine Lippen schmiegen,
wie ein Gedanke
der Dein Herz verlässt –

wenn Du
von Liebe sprichst!

Ein Lächeln

Ein Lächeln
kann Brücken bauen!

Ein ehrliches, herzliches Lächeln,
braucht keine Brücken mehr,
denn es schwebt befreit
und landet
sanft in Deinem Herzen!


Ein Wort unter vielen...

Oft
fühle ich mich,
wie ein klein gedrucktes Wort,
im Lexikon des Lebens.

In diesem Zustand,
wünsche ich mir,
dass auch
das
Kleingedruckte,
gelesen wird!

Alphabetisch geordnet

Anfänglich,
Baby, Creme dosiert,
ein Fläschchen getrunken, heiß,
immer jemanden küssen, lieb, meistens
nur Oma,
Papa qualmt, Rauch stört Tante
ungemein, verlässt Wohnung,
X-mas,
Year,
zeitlos.


Diabolo

Es lebte einst ein Kater,
der war sehr stolz und froh,
er war ein Lebenskünstler,
und hieß Diabolo.

Er war sehr klug und weise,
und war auch sehr beliebt,
er sprach sehr ruhig und leise,
war lustig, nie betrübt.

Er war der King der Straße,
sehr stark und auch sehr reich,
er herrschte nach Belieben,
über sein Katzenreich.

Diabolo der Kater,
mit rabenschwarzem Haar,
er war schon mehrfach Vater,
von vielen Kätzchen gar.

Doch nicht mit einer Katze,
er war nicht wirklich treu,
er hatte derer sieben,
und fand auch nichts dabei.

Die lieben Katzendamen,
die waren ganz entzückt,
sie fielen aus den Rahmen,
wenn er sie sanft beglückt.

Er war der Held der Helden,
doch eins fand er gemein,
er war doch nur ein Kater,
könnt nie ein Tiger sein.

Ein weißer, großer Tiger,
wird Diabolo wohl kaum,
der Wunsch bleibt da der Sieger,
sonst ist es nur ein Traum.

Wie vielen von uns Menschen,
geht es oft ebenso,
wir träumen uns ein Märchen,
so wie Diabolo!

Diabolo II

Ach ihr lieben Leser,
ihr habt mich animiert,
darum bekommt ihr von mir,
den zweiten Teil serviert.

Ich will Euch nun erzählen,
was ihr längst wissen wollt:
Hat sich denn unser Kater,
von seinem Wahn erholt?

Ja, unser lieber Kater,
sah endlich alles ein,
er wollte ein normaler,
Straßenkater sein.

Ein süßes, nettes Kätzchen,
ein Schmusetier sogar,
es wäre ihm am liebsten,
das wäre allen klar.

Er nahm sich eine Katzenfrau,
und war nur mehr der „Gent",
mit Treue nahm er's jetzt genau,
er ging nie wieder fremd.

Sie lebten schlicht und einfach nur,
in ihrem Katzenhaus,
von Hochmut sah man keine Spur,
dafür gebührt Applaus.

Diabolo der Kater,
hat viel dazu gelernt,
so hat sich die Vergangenheit,
sehr rasch von ihm entfernt.

Er hat nun eine Liebe,
die heißt „Madame Mijou",
ja, ja die lieben Triebe,
die setzen stark ihm zu.

Nicht was ihr denkt, ihr Schelme,
denn das ist seine Frau,
Mijou die Katzendame,
die weiß das ganz genau.

Die Beiden leben glücklich,
harmonisch und auch froh,
wie lange weiß ich leider nicht,
auch nicht Diabolo.

Diabolos Geschichte,
hat einen tiefen Sinn,
nichts gibt's, das man nicht ändern kann,
hart nur ist der Beginn.

Wenn Träume Dir entweichen,
mit dem was Du vermisst,
Du kannst alles erreichen,
wenn Du „Du" selber bist.


Diabolo III

Jahre sind durchs Land gezogen,
der Fluss der Zeit bahnt sich ins Ziel,
Jugendjahre sind entflogen,
Reife blieb vom Kinderspiel.

Aus den Kätzchen wurden Katzen,
alles Junge wurde alt,
Kater ziehen mit den Tatzen,
ihre Spur in den Asphalt.

Sie markieren und stolzieren,
wie ein aufgeschreckter Pfau,
wollen Allen imponieren,
„Seht uns an, wir sind so schlau"!

Mitten drin in dem „Miaue",
sitzt Diabolo und lacht,
früher war ja er der Schlaue,
ruhig ist er nun und bedacht.

Er sieht nun die Katzenscharen,
die durch seine Straßen ziehn,
er mit seinen grauen Haaren,
will jetzt nur mehr Charme versprühn.

Nicht das Wilde, nicht die Härte,
nicht die Stärke triumphiert,
Gefühle sind nun seine Werte,
Liebe, die er zelebriert.

Diabolo der graue Kater,
weiser noch als je zuvor,
die Katzen lieben ihren Vater,
der niemals sein Gesicht verlor.

Umgeben von den schönen Damen,
fühlt er sich wie im Paradies,
und dennoch reißt er sich zusammen,
er findet sie ganz einfach süß.

Was wäre denn ein „Straßenstreuner",
der niemals richtig hat geliebt,
er wäre frei wie ein Zigeuner,
zwar frei, doch einsam und betrübt.

Und wie in all' meinen Geschichten,
die von Diabolo ich schrieb,
will ich nun eines hier berichten,
was mich zu diesem Teile trieb.

Gott der Herr und unser Vater,
hat sich sicher was gedacht,
er hat nicht nur den Straßenkater,
sondern auch die Katz' gemacht.

Drum schätze dieses süße Wesen,
bei den Menschen „Frau" genannt,
denn wäre „Frau" nicht auch gewesen,
dann hätte „Mann" Dich nicht gekannt.


Diabolo IV

Katzen haben sieben Leben,
hat man schon sehr oft gehört,
doch die Wahrheit liegt daneben,
viele wurden schon zerstört.

Ausgesetzt, gequält, ersoffen,
vielen blieb das nicht erspart,
wir hörens und sind tief betroffen,
wenn sich die Wut mit Trauer paart.

So geht es auch dem klugen Kater,
der hier in dieser Straße lebt,
er ist ein ganz besorgter Vater,
der nach Gerechtigkeit nur strebt.

Diabolo, den wir ja kennen,
sieht all das Leid in seiner Stadt,
in seinen Augen, Tränen brennen,
weil ihn der Schmerz gefangen hat.

Einst lebten hier die Katzenpaare,
es herrschte Liebe und Gefühl,
doch im Lauf der letzten Jahre,
wurd' es um die Katzen still.

Das Essen, das ist längst verdorben,
die Häuser, die sind öd und leer,
die Straßen sind wie ausgestorben,
man sieht fast keine Kätzchen mehr.

Kein Vogel sitzt mehr in den Bäumen,
und trillert fröhlich vor sich her,
dunkle Wolken, den Himmel säumen,
Gestank und Rauch, hängt tief und
schwer.

Oh Mensch kannst Du Dich nicht
besinnen,
zur Einsicht fehlt Dir jede Spur,
Du kannst den Krieg nicht mehr
gewinnen,
am Ende siegt doch die Natur.

Die Angst sitzt tief in seinen Knochen,
Diabolo ist aufgewacht,
der Traum hat seine Kraft gebrochen,
der Albtraum in der letzten Nacht.

Diabolo hat es verstanden,
was ihm der Traum erzählen will,
dem Mensch kam der Verstand
abhanden,
bei seinem bitterbösen Spiel.

Die Natur war von uns allen,
wohl das allergrößte Glück,
doch sie lässt sich's nicht gefallen,
holt sich ihr Geschenk zurück.


Hexentanz

Über dem Wald senkt sich die Nacht,
sie breitet ihren Mantel aus,
die Eulen sind schon längst erwacht,
ihr Flügelschlag klingt wie Applaus.

Ein kalter Wind pfeift durch die Kronen,
der alten Bäume die hier stehn,
und ihre morschen Äste knarren,
sie sind gar schaurig anzusehn.

Mitten drin, auf einer Lichtung,
ein helles Lagerfeuer brennt,
ganz egal aus welcher Richtung,
Feuerzungen man erkennt.

Rund ums Feuer sieht man tanzen,
Hexen in gar großer Zahl,
sie kreischen, singen und sie stampfen,
für fremde Ohren, eine Qual.

Sie springen um und übers Feuer,
mit Gesichtern, schreckensbleich,
wie ein wildes Ungeheuer,
kommt das Gesamtbild ihnen gleich.

In den Adern stockt das Blut,
der Hals, fast magisch zugeschnürt,
es schwindet auch der Rest vom Mut,
ein jeder Sinn in Dir gefriert.

Ein greller Blitz, ein Donnerschlag,
die Angst fährt in die Knochen,
kein Muskel mehr gehorchen mag,
der Wille ist gebrochen.

Du Eindringling, du bist ein Tor,
was hast Du hier zu suchen?
Die Hexen sangen nun im Chor,
sie werden Dich verfluchen.

Doch da, den Himmel, siehst Du nicht?
Er zeigt sein erstes Blau,
der Platz vorm Feuer lichtet sich,
die Wiese feucht vom Tau.

Wo kurz zuvor noch Hexen sprangen,
der Rauch wie Nebel stand,
jetzt wieder bunte Vögel sangen,
der Tag zog in das Land.

Nur auf der Wiese sieht man noch,
aus näherer Distanz,
ein verkohltes, schwarzes Loch,
die Spur vom Hexentanz.


„Gestatten, mein Name ist Vampir!"

Fast ausgestorben sind die Gassen,
kein Mensch mehr durch die Straßen
geht,
ich habe meinen Sarg verlassen,
der in meinem Schlosse steht.

Mich dürstet nach dem roten Saft,
der mir die fahle Bleiche nimmt,
er schenkt mir Leben, gibt mir Kraft,
ein Biss von mir, Dein Blut gerinnt.

Ich flog schon über viele Gräber,
als Fledermaus, ganz elegant,
ich habe eine Säuferleber,
und meine Sucht raubt den Verstand.

Zwei Löcher beiß ich mit den Zähnen,
in Deinen zarten Nacken nur,
die Wölfe heulen mit Hyänen,
sonst hinterlass ich keine Spur.

Ich flieg mit rabenschwarzen Schwingen,
so rasch und still wieder davon,
ich will mein Leben so erzwingen,
der Untod ist dafür Dein Lohn.

Mit Silberkugeln, Kreuz und Pfählen,
die wilde Jagd auf mich ist Pflicht,
doch damit kann man mich nicht quälen,
wer tot ist, stirbt nun einmal nicht.

Wenn die ersten Sonnenstrahlen,
durchdringen Nacht und Finsternis,
lass ich in meinen Sarg mich fallen,
die nächste Nacht kommt ganz gewiss.

„Schlafen Sie beruhigt nur ein,
vielleicht werden Sie der Nächste sein!“

Die Gesichter der Nacht


Wolkenlos und wunderbar,
ist der Himmel, sternenklar,
mit stiller Finsternis bedacht,
so zeigt sie sich, die dunkle Nacht.

Sie macht sich breit in allen Gassen,
sie ist ganz nah, doch nicht zu fassen,
in der Stadt brennen die Lichter,
die Nacht hat sehr viele Gesichter.

Da geht ein Mann ganz traumverloren,
er hat sich mit der Nacht verschworen,
sein Schatten ist sein Wegbegleiter,
ruhelos zieht es ihn weiter.

Vorbei an Clubs mit roten Lichtern,
vorbei an finsteren Gesichtern,
am Straßenrand stehen die Damen,
die meisten kennt er schon mit Namen.

Ihr Körper ist nur leicht bedeckt,
und seine Lust wurde geweckt,
doch will er das, folgt er dem Triebe,
für eine Nacht, gekaufte Liebe?

Nein, er geht weiter mit leisen Schritten,
sein Herz hatte genug gelitten,
vorbei an jungen Liebespaaren,
an Teenagern mit blonden Haaren.

Sein Herz kämpft nun mit dem Verstand,
die Nacht reicht ihn jetzt ihre Hand,
er fühlt sich plötzlich jung und frei,
und auch sein Stolz trägt dazu bei.

Geschieden, neu verliebt, verlassen,
so treibt es ihn durch dunkle Straßen,
sein Glück hat er schon lang verloren,
doch fühlte er sich neugeboren.

Als er im Stadtpark angekommen,
wirkte er total benommen,
selbstbewusst und trotzdem krank,
müde sank er auf die Bank.

Was hatte ihn die Nacht gelernt,
dass sich die Jugend rasch entfernt,
und dennoch liebt er dieses Leben,
es wurde ihn nur eins gegeben.

Erschöpft und müde ging er heim,
er schlief mit den Gedanken ein,
dass er heut wieder durchgemacht,
er sah Gesichter dieser Nacht.

Das Mondlicht fällt ins dunkle Zimmer,
er sieht nicht mehr den hellen Schimmer,
zu weit hat ihn der Traum entführt,
ins Land wo ihn die Nacht verführt.

# VERBINDUNGEN

Als Moon Girl wieder lieben lernte

Des Nachts stand sie oft traumverloren,
auf dem Balkon, atmete tief,
die Luft ein, die im Wind geboren,
aus ihrem Herz Verzweiflung rief.

Sie sah den Mond am Himmel stehen,
für sie war er der beste Freund,
sie konnte dann sein Lächeln sehen,
war er nicht da, hat sie geweint.

Als sie schon nicht mehr daran glaubte,
dass sie zum Lieben fähig ist,
weil die Gewalt Gefühle raubte,
hat sie ein Engel wach geküsst.

Du sollst von nun an Moon Girl heißen,
sagte der Engel und verschwand,
das zarte Band wird nie mehr reißen,
der Perlenkette in der Hand.

Die Perlen waren ihre Tränen,
so glasklar, unschuldig und rein,
doch erhört wurde ihr Sehnen,
sie muss nie mehr alleine sein.

Ein Seelenträumer fand die Perlen,
er sammelte sie Stück für Stück,
 dann flog er sanft hoch zu den Sternen,
als Engel kam er dann zurück.

So lernte Moon Girl wieder lieben,
denn Träume werden manchmal wahr,
ich hab's in Euer Herz geschrieben,
als Seelenträumer, der ich war!


Am Abstellgleis

Du wirst einfach abgestellt,
für nicht mehr funktionstüchtig gehalten,
nicht mehr brauchbar,
vielleicht -
auf Abruf.

Züge
mit Lebensfreude, Anerkennung,
Glück und Liebe,
fahren achtlos
an Dir vorbei.

Es wird Zeit,
die Weichen zu stellen!

Am Scheideweg

Wenn Dich das Leben zwingt,
eine wichtige Entscheidung zu treffen,
dann schalte Dein Gefühl ein.

Denn nur mit den Augen des Herzens,
wirst Du den Weg
zum wahren Glück finden!


Begegnungen

Wenn Dir unverhofft
ein Lächeln
über den Weg läuft,
dann nimm es mit Deinen Augen auf.

Wenn Traurigkeit
Deinen Weg kreuzt,
dann gewähre den Tränen
einen Platz auf Deinen Lippen.

Sollte Dir
eine verlorene Seele begegnen,
dann öffne
Dein Herz.

Begegnungen –
auf dem Weg zur Menschlichkeit!

Chili

Sex ist
in der Liebe,
wie Chili
in einer scharfen Sauce.

Sie würde
auch OHNE munden,
aber MIT
ist sie
ein kulinarischer
Hochgenuss!


Der Tag X

X Mal
dachte ich an Dich,
ich wollte ein
e X klusives
Geschenk für Dich,
heute
schicke ich Dir,
meinen
E X traklassekuss!

Dich hat der Himmel geschickt

Du bist kein Engel, doch so süß,
Du zeigtest mir das Paradies,
Du bist kein Traum, bist Wirklichkeit,
Du bist zu Sünden auch bereit,
Du bist der allerschönste Lohn,
Du bist die Liebe in Person.

Du hast mein Herz schon längst entzückt,
Dich hat der Himmel mir geschickt,
gabst meinem Leben wieder Sinn,
Du schaffst es, dass ich glücklich bin,
Dein Lächeln zeigt mir Dein Gefühl,
mehr als ein Engel zeigen will.


Die alte Laterne

An einer alten, grauen Wand,
hing einst eine Laterne,
ihr Licht man wohlig, warm empfand,
man sah's schon aus der Ferne.

So angenehm ihr heller Schein,
gespenstig, oft im Dunkeln,
ihr Lichterglanz war klar und rein,
fast so, wie Sternenfunkeln.

Sie zeigte vielen schon den Weg,
den sie allein nicht fanden,
bewachte stets den schmalen Steg,
wo Liebespaare standen.

Beleuchtete den Kirchenturm,
mit ihren kleinen Schwestern,
oft schaukelte sie wild im Sturm,
mir scheint, als war's erst gestern.

Zerbrochen ist schon längst ihr Glas,
verrostet, ihr Gehäuse,
in ihr, da tummeln sich zum Spaß,
zwei junge, graue Mäuse.

Auch wenn sie auseinander bricht,
ich hatte sie so gerne,
in mir erlischt die Flamme nicht,
das Licht von der Laterne.

Die Hure
(Version 2006)


Es neigt sich ein Tag zu Ende,
sie betritt das Badezimmer,
ihre Augen sprechen Bände,
ihr Gesicht erstrahlt in Glimmer.


Die zweite Haut, in der sie steckt,
aus schwarzem Lack, sehr eng gefasst,
hat ihren Körper zugedeckt,
ein Stiefelpaar, das dazu passt.


Sie betritt das Kinderzimmer,
Blicke leuchten ihr entgegen,
Schokoküsse, so wie immer,
Lächeln soll ihr Herz bewegen.


Ein, zwei Küsschen auf die Wange,
„Mami muss zur Arbeit gehen",
doch es ist nicht für sehr lange,
„Irgendwann wirst Du verstehen".


Dann verlässt sie ihre „Insel",
dort wo sie stets sich hat versteckt,
rasch mit ihrem Make Up Pinsel,
werden Falten noch leicht verdeckt.

Im Hotel dann angekommen,
wo ihre Arbeitsstätte ist,
ein Glas Wein zu sich genommen,
damit sie das hier leicht vergisst.

Liegt im Bett auf roten Kissen,
auf ihrer Haut weiße Dessous,
die Musik will sie nicht missen,
ein stimmungsvoller, ruhiger Blues.

Alle Männer die da kamen,
brutal, sadistisch, manche nett,
kennt sie alle nicht bei Namen,
sie wollen nur mit ihr ins Bett.

Die verschwitzten Körpermassen,
die in sie dringen voller Gier,
sie fängt an sich selbst zu hassen,
„Oh lieber Gott, was mach' ich hier"?

Die Gedanken lässt sie streifen,
sie sind auch nur bei ihrem Kind,
„Wie soll es das je begreifen"?
„War ich bis heute denn so blind"?

Still hat sie das Geld genommen,
lange hat sie's angesehen,
und vom Wein etwas benommen,
wollte sie nach Hause gehen.

Ihre „Insel" hat sie wieder,
wo Träume ihr zu Hause sind,
müde legt sie sich dann nieder,
schläft zärtlich ein, mit ihrem Kind!


Dieb


Stahl einst Dein Herz so wie ein Dieb,
ich trug es fort mit mir,
zurück blieb nur worauf ich schrieb,
ein weißes Blatt Papier.

Ich ließ mein Lächeln hier zurück,
auch meine Fröhlichkeit,
von meinem Leben auch ein Stück,
erträumtes Glück zu Zweit.

Geweinte Tränen ließ ich hier,
den Rest Gefühl das blieb,
ich nahm mir nur Dein Herz dafür,
verzeih – Ich hab Dich lieb!

Ein Dankeschön an das Leben

Egal welchen Weg wir auch wählen,
wie oft man verliert und gewinnt,
egal was uns Märchen erzählen,
das Leben ist nicht vorbestimmt.

Es gibt gute und schlechte Zeiten,
zu spät hat man das oft erkannt,
wenn wir mit dem Schicksal auch
streiten,
wir haben es selbst in der Hand.

Sein Glück kann man niemals erzwingen,
auch einsperren lässt es sich nicht,
es fliegt wie auf gläsernen Schwingen,
pass auf, dass es Dir nicht zerbricht.

Ein Dankeschön hier an das Leben,
ich geh meinen Weg Stück für Stück,
versuche nun viel mehr zu geben,
denn alles kommt einmal zurück!

...es duftet noch nach Liebe

Der Platz neben mir ist leer
wieder einmal
allein aufgewacht
nur der Duft
von Erinnerung
strömt durch meine Sinne.

Ein Geruch aus Essenzen
von Sehnsucht, Melancholie
und
Leidenschaft
hängt seidengleich
im Raum

es duftet noch nach Liebe.


Ewig junge Liebe

Wir werden zwar älter,
aber die Liebe bleibt ewig jung,
denn wenn sie
tief in unseren Herzen ruht,
kann auch die Zeit
daran nichts ändern.

Federleicht


Liebe sollte leicht
*

wie eine Feder sein
*

damit sie sich
*

wie ein Schmetterling
*

in unseren Herzen
*

entfalten kann
*



Flieg Adler, flieg!

Flieg mit deinen breiten Flügeln,
über Wolken weit hinaus,
fliege über steile Hügeln,
denn dort bist du ja zu Haus.

Segle über weite Täler,
über Bäche, Wiesengrün,
denn dein Freiraum, der wird schmäler,
wirst bald mit dem Winde ziehn.

Trag mich fort in deinem Herzen,
will durch scharfe Augen sehn,
Freiheit, die kennt keine Schmerzen,
lerne sie mich zu verstehn.

Einsam ziehst du deine Kreise,
ich war auch zu oft allein,
Liebe braucht keine Beweise,
lass mich einfach glücklich sein.

Majestätisch sollst du fliegen,
ziehst mich stolz in deinen Bann,
werd' mit dir die Angst besiegen,
dass niemand mehr mir wehtun kann.


Frost

Klirrende Kälte
lässt glasklares Wasser
zu Eis
gefrieren,

malt Eisblumenbilder
an die Fenster,

formt
aus Regentropfen
kristallene
Eiszapfen.

Wie gefühlskalt
müssen Menschen sein,
deren Herz
sogar erfriert?


Freiheit ohne frei zu sein

Die Räume hell, kein Schloss versperrt,
Gedanken, die in sich gekehrt,
die Zeit scheint still zu stehen,
verborgen liegt das große Leid,
die Angst macht sich im Zimmer breit,
doch keiner will sie sehen.

Vor Deinem Fenster lebt die Welt,
während in Dir ein Traum zerfällt,
doch Du versuchst zu leben,
für Dich ist jede Kleinigkeit,
ein jeder Schritt, unendlich weit,
Du willst Dein Bestes geben.

Die Freiheit ohne frei zu sein,
ist Dunkelheit im Sonnenschein,
Du gehst an Deine Grenzen,
doch falsches Mitleid brauchst Du nicht,
Du siehst der Wahrheit ins Gesicht,
auch wolltest Du nie glänzen.

Was für uns selbstverständlich scheint,
hat Deine Seele ausgeweint,
hältst es vor uns verborgen,
das Glück hat sich vor Dir versteckt,
doch Du hast neuen Mut entdeckt,
siehst lächelnd in das „Morgen".


Gefühls-Tausch-Basar

Ich schenke Dir
mein liebstes Lächeln,
wünsche mir dafür,
einen zärtlichen Blick
von Dir.

Ich schenke Dir
Aufmerksamkeit,
verschwende
nur einen Gedanken an mich,
vielleicht ein wenig Zeit.

Ich schenke Dir
meine Liebe, mein Herz,
schön verpackt
in meinen Gefühlen –
für Dich.

Ich wünsche mir,
nur einen Augenblick,
an dem Du fühlst –
wie ich!


Glas Herz

Selbst wenn Dein Herz
aus Glas wäre,
würde ich es fest
an Meines drücken,
damit es bricht.

Scherben bringen Glück!


Ich träumte...

Ich träumte heute Nacht von Liebe,
Gefühle purzelten in mir,
mein Herz weckte vergessne Triebe,
Gedanken waren längst bei Dir.

Ich träumte heute Nacht von Frieden,
die Seele baumelte im Wind,
mir war dies Glücksgefühl beschieden,
wie schön doch Freudentränen sind.

Ich träumte heute Nacht von Meere,
ihr Wellenrauschen war Musik,
wie Spurn im Sand, verschwand die
Leere,
die Flut brachte mein Glück zurück.


Im Garten der Liebe

Mein Herz,
ist wie eine Rosenknospe,
 die von Deinen Freudentränen
gegossen wird.

Dein sonniges Lächeln,
ist wie ein Sonnenstrahl,
der es gedeihen lässt.

Deine zarten Lippen,
küssen es zum
Leben.

Mein Herz
ist glücklich,
in Deinem Garten
der Liebe!

Inschrift des Herzens

Was ich Dir nicht sagen kann,
schreibe ich gefühlvoll in Dein Herz,
was ich Dir nicht geben kann,
denke ich in Deine Träume,
was ich Dir nicht versprechen kann,
ruht sanft in meiner Seele.

Als Inschrift des Herzens
bleibt
die Sehnsucht nach Liebe!


Imaginäre Liebe

Du sehnst Dich so nach wahrer Liebe,
nach Wärme und nach Zärtlichkeit,
in Dir da schlummern Sehnsuchtstriebe,
Du suchst auch nach Geborgenheit.

Du fühlst Dich in die Welt der Träume,
Gefühle suchen sich ein Nest,
durchwanderst kalte, leere Räume,
der Alltagsstress er hält Dich fest.

Wie gerne würde ich durchschneiden,
die Kälte die Dein Herz umgibt,
die Seele soll nicht weiter leiden,
mit einem Kuss, ganz zart verliebt.

Dein Name duftet schon wie Rosen,
klingt in den Ohren wie Musik,
Deine Figur, in allen Posen,
zeigt meinen Augen größtes Glück.

Ach, könnte ich Dich doch entführen,
in meine Welt der Poesie,
könnt' Deine Haut ganz sanft berühren,
diesen Moment vergisst Du nie.

Doch leider bin ich nur ein Dichter,
imaginär und doch Dein Freund,
entfachte zärtlich Liebeslichter,
damit Dein Herz nie wieder weint.

In Liebe leben

Als Dein Blick
meine Augen traf,
sah ich den Himmel
voll strahlender Sterne.

Als Dein zärtlicher Mund
meine Lippen berührte,
schmeckte ich
den süßen Nektar der Honigblume.

Als ich Deinen Herzschlag
in meinem Körper fühlte,
lachte ich dem Tag
ein neues Gesicht.

Denn,
als Du in mein Leben tratst,
lernte ich,
in Liebe zu leben!

Kennst Du das Land?

Kennst Du das Land im Irgendwo,
wo bunte Blumen blühen,
es liegt versteckt im Nirgendwo,
dort wo die Bächlein ziehen.

Ein jeder Baum trägt ganz verliebt,
die Blätterform von Herzen,
die Krone, die ihm stolz umgibt,
strahlt so wie tausend Kerzen.

Es herrscht dort die Zufriedenheit,
die Menschlichkeit, das Lachen,
kein Krieg, nicht mal der kleinste Streit,
kann hier ein Unheil machen.

Die Liebe wohnt am höchsten Berg,
dem selbst die Wolken weichen,
ob alt, ob jung, ob groß, ob Zwerg,
der Mensch will sie erreichen.

Kennst Du das Land, wo selbst das Tier,
in Frieden noch kann leben,
ich kenn es gut, ich trags in mir,
was kann es Schönres geben?

Kurzgeschichte

Als ich dich kennen lernte,
dachte ich an eine
„Never ending Story“

doch unsere Liebe
wurde eine
Kurzgeschichte.

Und heute?
Bin ich für dich
Geschichte.


Mond Fee

Wer Liebe, Mond und Sterne liebt,
muss was Besondres sein,
wer so viel Zärtlichkeit versprüht,
ist auch im Herzen rein.

Du schreibst Gedichte, zauberhaft,
so feenhaft und fein,
in Dir steckt Menschlichkeit und Kraft,
Du musst die Mond Fee sein!

Nach außen gekehrt

Erkenne das Licht
Deiner inneren Werte,
mit Deinen leuchtenden Augen
wirst Du es für alle
sichtbar machen.

Eine Schönheit,
die jede dunkle Zeit übersteht!



Nur der Wind weiß was ich fühle

In einer lauen Sommernacht,
hat mir der Wind das Glück gebracht,
er streichelte zart durch Dein Haar,
Dein Lächeln war so wunderbar,
das Liebesfeuer war entfacht.

Nur der Wind weiß was ich fühle,
wenn ich in den Gedanken wühle,
Galopp der Sinne immerzu,
vor mir ein Traum und der heißt Du,
ein Brennen ohne jede Kühle.

Dieses Gefühl, nicht zu beschreiben,
könnte die Zeit doch stehen bleiben,
der Mond sieht unsrer Liebe zu,
sein Licht erhellt den Ort im Nu,
ganz sanft, ohne zu übertreiben.

Du warst so glücklich wie ein Kind,
die Liebe brachte uns der Wind,
durch Dich lernte ich zu verstehen,
den Wind zu fühlen und zu sehen,
empfinden, wer wir wirklich sind.


Offenbarungseid

Ich offenbare
Dir mein Herz,
ich lasse nichts weg,
ich füge nichts hinzu.

Alles was ich besitze
ist
meine Liebe zu Dir!

Panoptikum der Farben

Man muss nicht gleich rot sehen,
um sich am Schwarzmarkt
grün und blau
zu ärgern.

Wäre es nicht besser,
man entschiede sich für
weiß,
ein Blatt Papier,
unbeschrieben.


Reisefieber

Aufgeregt
packe ich
meine guten und schlechten
Erinnerungen,
zwischen
bereinigten Problemen
und
frisch gestärkter
Liebe,
hoffnungsvoll
in meinen
Koffer des Glücks.

Nun kann ich sie antreten,
die Reise,
in ein neues Leben!


Schmetterlinge

Wenn meine Gedanken und Gefühle
Raupen wären,
würde ich sie unter Deinem Salat mischen
und Dich nach dem Essen fragen:

„Fühlst Du schon die Schmetterlinge im
Bauch"?


Scheinwelt

Du verstehst die Welt nicht mehr,
Du fühlst Dich ausgebrannt und leer,
die Zukunft ist noch nicht real,
die Gegenwart ist Dir egal,
Du baust Dir eine Scheinwelt auf,
so nimmt das Schicksal seinen Lauf.

Falsche Freunde, Alkohol,
für kurze Zeit fühlst Du Dich wohl,
Dein Leben geht den Bach hinab,
Du schaufelst Dir Dein eignes Grab,
die Scheinwelt hat Dich fest im Griff,
doch führerlos ist dieses Schiff.

Aufputschmittel, harte Drogen,
von Nadelstichen stets belogen,
Du hast es leider nicht erkannt,
vergiftet ist schon Dein Verstand,
nur noch die Scheinwelt hält Dich wach,
doch was kommt an dem Tag danach?

Du verstehst die Welt nicht mehr,
Du fühlst Dich ausgebrannt und leer,
die Zukunft ist nun Gegenwart,
denn auch die Scheinwelt die ist hart,
sei wie Du bist, verstell Dich nicht,
schau stets dem Leben ins Gesicht.


Schokolade

Schokolade
erzeugt
Glücksgefühl!

Deshalb
wundere ich mich,
dass Du,
in letzter Zeit,
so wenig davon isst!


Seelenträumers Dank

Ich danke jeden Tag dafür,
dass ich voll Liebe bin,
ich trage viel Gefühl in mir,
ganz tief im Herzen drin.

Ich danke für die Zärtlichkeit,
die ich verschenken kann,
für all das Glück, Geborgenheit,
komm, lehn Dich einfach an.

Auch will ich danken für die Zeit,
die mir das Leben schenkt,
für Freude, Lächeln, Heiterkeit,
wenn lieb wer an mich denkt.

Drum nehm ich dankend alles an,
genieß den Augenblick,
denn wer in Liebe leben kann,
besitzt das größte Glück.

Ich danke jeden Tag dafür,
Gefühle liegen blank,
ich schrieb Gedanken auf Papier,
des Seelenträumers Dank.


Seiltänzer

Er bewegt sich wie ein Tänzer,
über das dünne Seil der Gefühle.

Den festen Boden der Liebe vor Augen,
versucht er
den Abgrund des Zweifelns
zu überwinden.

Nur noch ein paar Schritte,
dennoch scheint's wie eine Ewigkeit  zu
sein,
bevor er wieder
mit beiden Beinen,
die Manege
der Zweisamkeit,
betreten kann.

Starkstrom

Du
hast mich auf Starkstrom
umgestellt.

Mehr Energie,
mehr Leistung.

Tausend Volt
reine Energie,
Hundert Prozent
Liebe!


Unausgesprochen

Würden Herzen sprechen können,
die Gedanken schreiben,
könnten die Gefühle brennen,
würd' nur Asche bleiben.

Könnte man die Asche streuen,
in das Meer des Lebens,
müsst man Liebe nie bereuen,
wär' kein Kuss vergebens.

Liebe die nie ausgesprochen,
wäre rasch verdorben,
hätte nur ein Herz gebrochen,
wär' daran gestorben.


Sternchen


Irgendwo am fernen Himmel,
funkelt es so klar und rein,
heller als der schönste Schimmel,
dennoch strahlt es ganz allein.

Unter vielen Millionen,
leuchtet es in voller Pracht,
es zu sehen wird sich lohnen,
hell erleuchtet ist die Nacht.

Sternchen glänzt so wie die Liebe,
Augenpaare zieht es an,
freudestrahlend, niemals trübe,
hält das Sternchen uns in Bann.

Wenn die Liebe in den Herzen,
sanft und zärtlich Einzug hält,
sind vergessen all die Schmerzen,
im Sternenlicht erstrahlt die Welt.

Wozu Hass und alle Kriege,
warum Schläge, Streiterein,
 niemand braucht erkämpfte Siege,
lieber leuchtend Vorbild sein!

Sternchen liebt die Menschen alle,
mag sie so, so wie sie sind,
setzt ein Licht und auch Signale,
damit die Menschlichkeit gewinnt!


Stimmungsbilder

Wenn ich lache, scheint die Sonne,
sie zeigt Dir, dass ich glücklich bin,
bunte Schmetterlinge fliegen,
bis zu Deinem Herzen hin.

Wenn ich weine, weint auch der Himmel,
Regentränen fallen sacht,
Gewitterwolken ziehn vorüber,
nur der Mond erhellt die Nacht.

Wenn ich einmal nicht mehr atme,
weil das Leben es so will,
hört es auf für Dich zu schlagen,
mein Herz, es schläft dann ruhig und still.

Solang...

Solang der Mond am Himmel steht,
werd' ich Dich nicht verlieren,
solang die Sonne auf noch geht,
werd' ich auch niemals frieren.

Solang der Wind noch tragen kann,
mein Herz in weite Ferne,
solang keimt Hoffnung irgendwann,
durch die ich weiter lerne.

Solang zwei Herzen eins noch sind,
Gefühle weiterleben,
solang ein Lächeln noch gewinnt,
wird's keine Tränen geben.

Solang das Leben uns noch trennt,
muss ich Geduld noch üben,
solang die Sehnsucht in mir brennt,
werd' ich Dich immer lieben.


...und trotzdem lieb ich sie

Wieder mal verzichtet sie,
auf Liebe, Glück und Freude,
ihr Leben wird zur Ironie,
und trotzdem aber lieb ich sie,
der Mond sieht wie ich leide.

Es dauerte das Glück für sie,
ein paar verliebte Tage,
sie träumte sich die Fantasie,
und trotzdem aber lieb ich sie,
ich stelle nichts in Frage.

Ich höre unsre Melodie,
mein Herz fängt an zu beben,
ich weiß die Tränen trocknen nie,
sie liebt mich und ich liebe sie,
doch sie kann so nicht leben.

Ich schreibe dies Gedicht für sie,
hab wieder diese Schmerzen,
zurück bleibt nur Melancholie,
und trotzdem aber lieb ich sie,
trag ihr Bild
in meinem Herzen.


Verbindungen

Zwischenmenschliche,
chemische,
elektrische
und
öffentliche,
aber die wichtigste
Verbindung
ist,

die Verbindung
zwischen Geist und Seele.

Gedanken, die aus dem Herzen kommen!


Veränderung


Ein neues Jahr hat nun begonnen,
das Alte ist sehr rasch zerronnen,
Vergangenheit liegt weit zurück,
du stehst im Jetzt, glaubst an das
Morgen,
die Wahrheit liegt in dir verborgen,
vertraust nur dir und nicht dem Glück.

Man kann im Leben nichts erzwingen,
doch über seinen Schatten springen,
Veränderung schafft frischen Mut,
auch sollte man nie übertreiben,
ganz einfach Mensch und menschlich
bleiben,
ein Lächeln schon tut oft sehr gut.

Versprochenes auch einmal halten,
seine Gedanken neu gestalten,
das wäre sicher ein Beginn,
ein wenig mehr an andre denken,
Wärme und Zeit dem Nächsten schenken,
so macht Veränderung auch Sinn!

Verlustanzeige

Verloren
ein Herz
zwischen
hier und dort.

Finderlohn
ein zärtlicher Kuss
und
ein liebes Wort.

Ein herzliches Lächeln
ein Leben zu zweit
zu alledem ist
der Verlierer bereit.

Verloren
ein Herz
zwischen
dort und hier.

Gezeichnet mit Liebe
ganz einfach von
mir!

Zartbitter

Verunsichert,
Gedanken hängen,
mit bitteren Tränen bekleidet,
im Vergessen.

Selbst die süßesten
Früchte,
rot,
sanft behütet,
selten geöffnet,
schmecken plötzlich
zartbitter.


Zeit

Bevor die Liebe,
zwischen den Zahnrädern
der Zeit
erstickt,
ist es Zeit,
Entscheidungen zu treffen.

Denn
irgendwann,
entscheidet sich die
Zeit
gegen Dich!

Zu spät

Irgendwann,
habe ich mich
in Deinem Herzen verloren.

Auf der Suche
nach mir,
habe ich Dich entdeckt.

Zu spät,
denn die Zeit
lässt sich nicht ändern!


Behutsam

Behutsam streichle ich
über Dein Gesicht,
meine Lippen
berühren sanft
Deinen honigsüßen Mund.

Zärtlich, fast ängstlich,
gleiten meine Finger
über Dein glänzendes Haar,
Du lächelst mir
mit funkelnden Augen entgegen.

Behutsam bette ich Dein Bild,
mit Seidenpapier umhüllt,
in einen goldfarbigen Karton.

Auch Liebe kann
behutsam enden!


Koma

Irgendwann,
vor sehr langer Zeit,
fiel ich ins Koma,
in das Koma
der Lieblosigkeit.

In mir herrschte
Klarheit,
doch rund um mich,
nur
Nebelschleier.

Irgendwann,
fühlte ich,
dass ich lebe.
Kein Traum –
nein, Wirklichkeit.

Liebe, Gefühl, Zärtlichkeit,
das alles lebte in mir.
Ganz plötzlich,
als hätte mich ein Engel
wach geküsst.


Vergessene Zukunft

Träume liegen verborgen,
Wünsche noch nicht ausgereift,
Vergangenes
im Mantel der Erinnerung gehüllt,
der Glaube liegt im Jetzt.

Am Horizont steht noch das Wort
Zukunft.

Vergessen,
ausgeblutet,
bis zur Unkenntlichkeit
strapaziert.

Gedanken eines Ahnungslosen

Verteilt steh ich in einem Raum,
zu kleinen Stücken portioniert,
ich seh' den Wald, doch keinen Baum,
sehe die Sonne, nicht ihr Licht,
auch eine Mauer wie sie bricht,
weiß plötzlich nicht was mir passiert.

Fast wehrlos lasse ich geschehn,
was meine Sinne so verwirrt,
ich kann die Nacht im Dunkeln sehn,
ich fühl das Unrecht, fühl das Leid,
die Wut, die schon zum Himmel schreit,
Gedanken werden abmontiert.

Ahnungslos und unerfahren,
Worte stecken in der Kehle,
stumm ergeben den Gefahren,
doch ich will nicht länger schweigen,
will der Welt die Stirne zeigen,
Selbstbefreiung meiner Seele.

Ode an die Liebe

Ach wäre ich der Sommerwind,
der Deine Nähe fühlt,
der zärtlich wie ein kleines Kind,
mit Deinen Haaren spielt.

Ach könnte ich der Regen sein,
der sanft das Gras berührt,
der feucht erfrischend, glasklar rein,
zart Deine Lippen spürt.

Ach wäre ich der helle Mond,
der immer für Dich scheint,
der über uns am Himmel wohnt,
der mit Dir lacht und weint.

Wär ich doch nur ein Sonnenstrahl,
der Dir Dein Herz erwärmt,
der jeden Tag und jedes Mal,
von Deiner Anmut schwärmt.

Wär ich doch nur der Meeresstrand,
von Wellen lieb gegrüßt,
ich küsste jede Spur im Sand,
die Du dort hinterließt.

Wär ich doch nur Dein schönster Traum,
der Dir die Sinne raubt,
wär ich die Frucht und Du der Baum,
die Wahrheit die man glaubt.

Ach wäre ich ein Teil von Dir,
den man nicht gern vermisst,
vielleicht denkst Du das auch von mir,
wo immer Du auch bist.


Manchmal glaub ich an ein Wunder

Manchmal glaub ich an ein Wunder,
dass es nur mehr Frieden gibt,
Herzen statt Gewalt regieren,
ein jeder Mensch den nächsten liebt.

Manchmal glaub ich an ein Wunder,
Rassengleichheit, Lebensglück,
statt dem Donnern von Gewehren,
klingt in uns nur leis' Musik.

Manchmal glaub ich an ein Wunder,
Kinder hungern längst nicht mehr,
Hass kennt niemand in den Straßen,
Gefängnisse verstaubt und leer.

Manchmal glaub ich an ein Wunder,
den Gleichklang zwischen Mensch und
Tier,
die Natur hat uns verziehen,
gesünder leben wir dafür.

Manchmal glaub ich an ein Wunder,
Armut trübt nicht mehr den Sinn,
alle ziehn am selben Faden,
in Liebe leben, der Gewinn.

Manchmal glaub ich an ein Wunder,
trotzdem bin ich noch betrübt,
denn ich hab dabei vergessen,
dass es selten Wunder gibt.


Umwege

Alle Umwege verlangen,
mehr Zeitaufwand,
ein Umdenken
und
neue Perspektiven.

Ich nehme gerne
alle Umwege
in Kauf,
um Dein Herz
zu erreichen!

Isoliert

Tief in mir
ruht dieses unbeschreibliche Gefühl,
dieses, nach Magnolien duftende,
nach Freiheit ringende,
immer lebensbejahende,
wie Musik klingende,
Gefühl
der
Liebe!

Schade nur,
dass die Quarantäne
der Zeit,
mein Herz
isoliert!


Ein Märchen das sich Liebe nennt

Du schwimmst in einem goldnen See,
kleine Elfchen über dir,
ein Clown Fisch kitzelt deinen Zeh,
die Gedanken sind bei ihr.

Du fühlst dich wie im Zauberwald,
Feen singen dir ein Lied,
dir wird mal heiß und einmal kalt,
weißt nicht was dir geschieht.

Der Himmel zeigt sein schönstes Blau,
wie im Zauber fühlst du sie,
du trinkst von Blättern Morgentau,
fasziniert von der Magie.

Die Liebe kann ein Märchen sein,
zärtlich, traumhaft, Spielerei,
doch bleibt sie Märchen ganz allein,
ist das Herz nicht ganz dabei.


Ein knochenhartes Vergnügen

Hübsche Frau darf ich Sie fragen,
ob Sie hier ein Tänzchen wagen,
Sie sind so schlank, für mich ein Star,
doch scheinen Sie mir unnahbar.

Find' Ihr Gesicht so lieblich weiß,
ja, ja, die Nacht hat ihren Preis,
ich schau in Augen, hohl und fahl,
nun seh' ich erst, Ihr Kopf ist kahl.

Wollen wir das Tanzbein schwingen,
über alle Tische springen,
hör' sofort auf mit dem Plappern,
wenn Sie mit den Beinen klappern.

Küssen geht nicht ohne Lippe,
bin von Kopf bis Fuß Gerippe,
schaurig schön ist diese Stätte,
Knochenjob nur für Skelette.


Aufstand der Kuschelbären

Ich will gegen Ströme schwimmen,
will auf Sand auch Schlösser baun,
will den höchsten Berg erklimmen,
spiel nicht mehr für euch den Clown.

Will nicht Ja und Amen sagen,
hab vom Bücken schon genug,
will einmal den Aufstand wagen,
kriechen wäre Selbstbetrug.

Mag nicht mehr die Lügen hören,
die ihr Bonzen uns erzählt,
ihr könnt mir doch nicht erklären,
dafür haben wir gewählt.

Spielt doch ihr die Hungerleider,
auch wir Bären haben Recht,
für euch sind wir doch nur Neider,
pflegeleicht so wie ein Knecht.

Doch nun muss ich Frühstück machen,
weil die Liebste aufgewacht,
ich verkneife mir das Lachen,
Kuschelbär hat dran gedacht!


Namensfindung
(So wurde ich zum gerryG)

Ein Freund hat ein Gedicht kreiert,
das hat mich damals inspiriert,
ich will nicht ohne Namen leben,
und Euch die Erklärung geben.

Gerhard ist ein schöner Namen,
Gerhard will ich heißen,
will auch diesen Namen nicht,
in der Luft zerreißen.

Aber Gerhard gibt es viele,
auch in meinem Freundeskreis,
darum macht' ich mir zum Ziele,
wie ich in der Zukunft heiß'.

Wie man weiß im Internet,
sind die „Nicks" doch alle nett,
ist's nun Blume, Maus, Banane,
Namen aller ersten Sahne.

Angestrengt dachte ich nach,
Kitsch, das wäre eine Schmach,
will nicht ganz vom Namen weg,
nur verändern war der Zweck.

Hardy, Gerd, es passte nicht,
Geri stand nicht zum Gesicht,
es ergab nichts einen Sinn,
weil ich doch der Gerhard bin.

Von Gerhard blieb dann noch das „G",
ein zweites „R" in Geri steh',
das „Y" ist auch ok.,
so wurde ich zum „gerryG!"

# NEUE GEDANKEN ZUM DESSERT

Der „Reimer"

Er sitzt bei Tag und auch bei Nacht,
und schreibt was er sich ausgedacht,
erzählt von Träumen und Gedichten,
von Selbsterlebten und Geschichten,
berichtet von der heilen Welt,
er schreibt sie schön, wie's  ihm gefällt,
nimmt er die Feder in die Hand,
vom Herzen kommt's, nicht vom
Verstand.

Er formt die Sätze dann zu Reimen,
will Freude schenken und nicht
schleimen,
er will zur Lyrik uns bewegen,
versucht poetisch anzuregen,
erzählt von Ängsten und von Sorgen,
gefühltes Leben, unverborgen,
er träumt vom Lachen, das verschwand,
als Schatten grinst es von der Wand.

Er selbst will sich nicht Dichter nennen,
will sich doch nur zur Schrift bekennen,
der Kunst zu schreiben, die er liebt,
die er fast täglich von sich gibt,
empfindet er als eine Gabe,
die er von Gott erhalten habe,
er weiß, dass er auch nie vergisst,
dass er doch nur ein „Reimer" ist.

Neufassung 2016

Du warst stets für mich ein Freund

Dein treuer Blick, die sanften Pfoten,
dein weiches, golden-braunes Fell,
wie oft hab ich es dir verboten,
doch heut vermiss ich dein Gebell.

Ich streichle dich noch im Gedanken,
obwohl ich weiß, dein Platz ist leer,
warum musstest du so erkranken,
dies zu verstehen, fällt mir schwer.

Du bist der beste Freund geblieben,
solang dein großes Herz noch schlug,
dich konnte man nur einfach lieben,
mit dir verging die Zeit im Flug.

Du wolltest stets dein Bestes geben,
doch deine Beine wurden schwach,
bemühtest dich für uns zu leben,
bis all dein Schmerz den Willen brach.

Ein letztes Mal, sah ich sie wedeln,
die Rute, die mir Freude zeigt,
ein letzter Blick, zu deinen „Mädeln",
dann sah ich, wie dein Haupt sich neigt.

Noch heut hör ich dein frohes Bellen,
es klingt für mich so wie Musik,
ich seh dich zwischen klaren Quellen,
Dancing Shadow of Sweetwater Creek.

Ein Teil lebt noch im Herzen weiter

Ein kleines Glück aus Kindheitstagen,
ein Lächeln, das dein Herz erwärmt,
Vertrauen ohne nachzufragen,
ein Mädchen, das von dir nur schwärmt.

Ein Jugendfreund mit grauen Haaren,
der ahnungslos vorübergeht,
am Spielplatz, wo wir Kind noch waren,
wo nichts an seinem Platz mehr steht.

Du siehst und fühlst die Wegbegleiter,
sie waren immer für dich da,
ein Teil lebt noch im Herzen weiter,
Vergangenes ist plötzlich nah.

Im Geist siehst du den Bonbonladen,
fast täglich kehrtest du dort ein,
die Taschen voll mit Schokoladen,
so gingst du glücklich wieder heim.

Die kleinen Schmerzen und Beschwerden,
nimmst du auf einmal nicht mehr wahr,
die Angst verflog, vom älter werden,
auch deine Augen sehen klar.

Du malst dein Glück in bunten Farben,
die Liebe trägst du stets in dir,
Erfahrung heilt die Lebensnarben,
Vergangenheit bleibt Souvenir.


Helden für die Ewigkeit

Neue Helden braucht das Land,
mit viel Herz und mehr Verstand,
denn die alten Superhelden,
haben jetzt nichts mehr zu melden,
das liegt fühlbar auf der Hand.

Comic-Helden glänzen gern,
leuchten wie der hellste Stern,
sie verkaufen uns die Lügen,
lassen ihre Fäuste fliegen,
wahres Leben liegt so fern.

Doch was ist ein echter Held,
der nicht aus den Wolken fällt,
anspruchslos ist er, bescheiden,
rasch hilft er bei Not und Leiden,
Mensch sein zählt hier mehr als Geld.

Still und leise, hilfsbereit,
namenlos für alle Zeit,
ja, es gibt sie, diese guten,
Geister unter Menschenfluten,
Helden für die Ewigkeit.


Kontrolliert überwacht
oder
Das Spionageding

Sie laufen auf der Straße
genervt und meist gestresst,
sie halten in den Händen
ein kleines Ding ganz fest,
von diesem dünnen Etwas
sind alle fasziniert,
man weiß doch jetzt und immer
was auf der Welt passiert.

Das flache, kleine Etwas
aus Kunststoff und aus Glas,
das Herz aus Elektronik
macht vielen Menschen Spaß,
auch unser großer „Bruder"
mit Schadenfreude lacht,
von seinen Satelliten
wird jeder überwacht.

Worüber wir auch sprechen
wo immer wir auch sind,
die Strahlen aus dem Weltall
erreichen uns geschwind,
den Terror zu bekämpfen
auf dieser kranken Welt,
so werden die Systeme
als harmlos hingestellt.

Du hast nichts zu verbergen
stehst trotzdem an der Wand,
gibst freiwillig die Auskunft
dem Smartphone in der Hand,
servierst dein ganzes Leben
für alle am Tablett,
es wäre wirklich klüger
wir drückten auf „Reset".


Lebenswert

Wenn du vorm Lebenstunnel stehst,
dann ängstlich in das Dunkel gehst,
so geh den Weg mit Zuversicht,
am Tunnelende scheint ein Licht.

Das Licht, das dir dein Herz erhellt,
grad so, als wär's hierfür bestellt,
es strahlt, dass du es nie vergisst,
wie lebenswert das Leben ist.

Leon (gewidmet meinem Enkel zur Hl. Taufe)

Ich hab soeben festgestellt,
so sieht es aus, das Licht der Welt,
drei waren schneller, sind schon hier,
ich komme spät, als Nummer Vier.

Doch Nummer mag ich keine sein,
füg mich zwar rasch ins Leben ein,
hab meinen Willen der mich lenkt,
und euch, die ihr mir Liebe schenkt.

Bei der Geburt wusste ich schon,
ich heiße ab sofort Leon,
den Namen suchtet ihr mir aus,
das hab ich Nummern auch voraus.

Ihr lässt mich taufen, das macht Sinn,
weil ich jetzt auch gesegnet bin,
der liebe Gott, er lächelt mild,
wehrt Böses ab so wie ein Schild.

Wenn ich mir alles überleg,
find ich die Welt ganz cool und schräg,
ich denk: „Das habt ihr nun davon",
bin angekommen, euer Sohn!

Relikte (Eine Art von Liebesbrief)

Sie sind schon ein wenig verstaubt und
vergilbt,
sie klingen abgedroschen
und wurden schon viel zu oft
lieblos ausgespuckt,
diese verflixten drei Worte
- ICH LIEBE DICH –.

Dennoch werde ich sie jetzt aussprechen,
diese Relikte des menschlichen
Sprachschatzes.

Ja, ich liebe dich,
denn du hast mir den Sinn des Lebens
gezeigt,
du hast immer an mich geglaubt,
mich in meinem Denken und Handeln
bestärkt
und mich dem realen Leben näher
gebracht.

Du hast mich fühlen lassen,
dass es mehr gibt als Konsumdenken,
Reichtum und Erfolg,
nämlich
Freundschaft, Familie, Geborgenheit und
Menschlichkeit.

Dein zärtliches Wesen,
dein Lächeln
und deine sternenklaren, blauen Augen,
haben sich tief in mein Herz gebrannt
und für ewig ihren Platz gefunden.

Ja, ich liebe dich,
denn du bist Freundin und Geliebte für
mich,
ja, ich liebe dich,
weil du so bist, wie du eben bist.

Gewidmet meiner Freundin Michaela


Weihnachts-Post
oder
Gedanken die uns bewegen


Vergangenheit liegt weit zurück,
denn in der Zukunft liegt das Glück,
vor allem für die „Obrigkeiten",
die Freude sich zurzeit bereiten,
auch wenn uns allen davor graut,
ja – es wird fleißig abgebaut.

Kollegen schafften Seinerzeit,
die Mengen Post fast ohne Streit,
doch heut sind es schon Kleinigkeiten,
die Unmut bringen, Zwistigkeiten,
verständlich, wenn die Angst regiert,
dass man den Arbeitsplatz verliert.

Besonders in der Weihnachtszeit,
denkt man vermehrt an Menschlichkeit,
doch was ist nur davon geblieben,
ein Wort, verbittert tot geschrieben,
das tief in unsren Herzen steht,
vom Frust erwärmt, weil nichts mehr
geht.

Wer Heiterkeit von mir vermisst,
die ungezähmt sich hier ergießt,
vielleicht kann die die Werbung bringen,
wenn andre Weihnachtslieder singen,
dann singen wir nur so zum Spaß,
freut Euch „Die Post bringt allen was!"

Ich habe hier nur laut gedacht,
ein paar Gedanken mir gemacht,
was wird die Zukunft für uns bringen,
wer wird über die Klinge springen,
die Zukunft friert noch vor der Tür,
die es betrifft, ja das sind wir.

Genug nun mit dem Unkenruf,
der Mensch ist so, wie Gott ihm schuf,
wir sind doch hier um froh zu feiern,
statt negativ herum zu leiern,
ganz positiv, wenn Ihr mich lässt,
wünsche ich Euch, ein frohes Fest!

# INHALT